OS 12 CÓDIGOS
DO AMOR

Elva Abril

OS 12 CÓDIGOS DO AMOR

Cure suas Feridas Emocionais e Encontre sua Alma Gêmea com a Ajuda da Astrologia

Tradução
Karina Jannini

Editora
Pensamento
SÃO PAULO

Título do original: LOS DOCE CÓDIGOS DEL AMOR.
COPYRIGHT © 2022 ELVA ABRIL – HTTPS://ELVAABRIL.COM.
Copyright da edição brasileira © 2024 Editora Pensamento-Cultrix Ltda.
1ª edição 2024.
Todos os direitos reservados. Nenhuma parte deste livro pode ser reproduzida ou usada de qualquer forma ou por qualquer meio, eletrônico ou mecânico, inclusive fotocópias, gravações ou sistema de armazenamento em banco de dados, sem permissão por escrito, exceto nos casos de trechos curtos citados em resenhas críticas ou artigos de revista.

A Editora Pensamento não se responsabiliza por eventuais mudanças ocorridas nos endereços convencionais ou eletrônicos citados neste livro.

Editor: Adilson Silva Ramachandra
Gerente editorial: Roseli de S. Ferraz
Gerente de produção editorial: Indiara Faria Kayo
Preparação de originais: Ana Lúcia Gonçalves
Editoração eletrônica: Join Bureau
Revisão: Erika Alonso

Dados Internacionais de Catalogação na Publicação (CIP)
(Câmara Brasileira do Livro, SP, Brasil)

Abril, Elva
  Os 12 códigos do amor: cure suas feridas emocionais e encontre sua alma gêmea com a ajuda da astrologia / Elva Abril; tradução Karina Jannini. – 1. ed. – São Paulo: Editora Pensamento, 2024.

  Título original: Los doce códigos del amor.
  ISBN 978-85-315-2347-2

  1. Alma gêmea 2. Amor 3. Astrologia 4. Emoções 5. Esoterismo I. Título.

24-191475
CDD-133.5

Índices para catálogo sistemático:
1. Astrologia 133.5
Aline Graziele Benitez – Bibliotecária – CRB-1/3129

Direitos de tradução para o Brasil adquiridos com exclusividade pela
EDITORA PENSAMENTO-CULTRIX LTDA., que se reserva a propriedade literária desta tradução.
Rua Dr. Mário Vicente, 368 – 04270-000 – São Paulo – SP – Fone: (11) 2066-9000
http://www.editorapensamento.com.br
E-mail: atendimento@editorapensamento.com.br
Foi feito o depósito legal.

A Ferran, pois entrar para tomar aquele chá foi a melhor decisão da minha vida.

Te amo imensamente.

SUMÁRIO

Prólogo 11

O dia em que descobri que não poderia estar em
um relacionamento 17

Manual de instruções das luas

Por que analisamos a Lua, e não Vênus 23
Como calcular o mapa natal 28
Como analisar seu mapa natal 29
Que signos afetam sua Lua 35
Red flags (bandeiras vermelhas) 36

CÓDIGO 1: Lua em Áries e o medo de não poder fazer

O caso de Angelina Jolie 41
A batalha interna 43
As emoções que servem de ponte 45
Fazemos e já vemos 49

As três fases da raiva 51
Como se conectar com a força interior 54

CÓDIGO 2: Lua em Touro e o medo de não poder desfrutar

O caso do príncipe Harry 61
Sem pressa, mas com alma 64
O terceiro membro da relação 67
Um amor com três estrelas Michelin 70

CÓDIGO 3: Lua em Gêmeos e o medo de não entender

O segredo de Obama 75
A mente como mecanismo de defesa 77
O poder da palavra 80
Como focar no eterno aprendiz 82
A piada e sua relação com o inconsciente 85
O aprendizado que não está em nenhum livro 87

CÓDIGO 4: Lua em Câncer e o medo de crescer

A estratégia de Penélope Cruz 93
A síndrome de Peter Pan 94
Ninguém ensina você a crescer 96
Aprender a cuidar bem 99
Sofá, filme, manta... e sogra 101
Um lar para sempre 104

CÓDIGO 5: Lua em Leão e o medo de não ser visto

A pressão de ser Julia Roberts 111
Sou o que sou 115

A necessidade de reconhecimento 118
Quando apagar o refletor 120
Como despertar o sedutor nato 122
O líder na vida e no relacionamento 123

CÓDIGO 6: Lua em Virgem e o medo de não ser perfeito

A arma de sedução de Natalie Portman 129
Fiz uma planilha das mamadeiras 131
O perdão contém a fórmula do amor 134
Quando o corpo fala, o coração escuta 136
O verdadeiro amor está nos detalhes 138

CÓDIGO 7: Lua em Libra e o medo de não poder compartilhar

O casamento do século 145
"Compartilhada, a vida é mais" 147
A ordem dos fatores altera o produto 150
Como equilibrar o dar e o receber 152
A lei da atração no amor 156

CÓDIGO 8: Lua em Escorpião e o medo de confiar

Noiva em fuga 161
O medo da traição 164
Sexo, terapia e muitos segredos 166
Como aprender a confiar 169

CÓDIGO 9: Lua em Sagitário e o medo da falta de princípios

O segredo do sucesso de Oprah 177
As crenças geram realidades 179

As melhores viagens são sem bagagem 183
Um caminho para a fartura 186
Como despertar o mestre interior no relacionamento 188

CÓDIGO 10: Lua em Capricórnio e o medo de não ser suficiente

A síndrome do irmão mais velho de Ashton Kutcher 193
Ser o "guia" não implica levar a mochila 195
A melhor Lua perante as dificuldades 198
O medo de não ser suficiente 199
A aceitação plena no amor 202

CÓDIGO 11: Lua em Aquário e o medo da imprevisibilidade

Woody Allen não se casou com a própria filha 209
O medo da mudança de planos 211
O apego à liberdade 213
Que não pareça uma relação 216
Como comprometer-se sem oprimir-se 217

CÓDIGO 12: Lua em Peixes e o medo do abandono

O medo do abandono 223
Como preencher o vazio emocional 225
O relacionamento não é uma ONG 229
O poder da intuição 231
O amor incondicional no relacionamento 234

Você já está pronto para o amor. E agora? 239
O presente final 243
Agradecimentos 245

PRÓLOGO

Há alguns anos, comecei a montar meu projeto de trabalho. Um projeto que, no presente, passa por momentos tranquilos, mas que me custou suor e lágrimas ao partir do zero.

No início, eu buscava qualquer tipo de orientação ou conselho empresarial que pudesse me ajudar a criar e fazer crescer minha nova empresa. Como eu não vinha do mundo corporativo, não fazia a mais remota ideia de como proceder; sabia apenas que aquilo estava me custando muito caro.

Você deve estar se perguntando por que estou contando isso se este livro é sobre relacionamentos. Tenha paciência, tudo chegará no momento certo.

Em um dia de primavera, fui trabalhar em uma casa de chá do bairro Gràcia, em Barcelona, onde escritores e pessoas que lidam com desenvolvimento pessoal se reúnem para trabalhar em *coworking*. E lá estava Elva. Eu não sabia qual era sua profissão, apenas que era uma das clientes que também tomava chá ali enquanto teclávamos como loucos em nossos *notebooks*.

Na verdade, não me lembro direito de como aconteceu, mas nesse dia fiz uma pergunta sobre minha empresa a um rapaz que estava sentado ao lado de Elva, e ela interveio, dizendo: "Posso dar uma olhada em seu mapa natal; se quiser, te ajudo". Com essa frase, iniciou-se uma amizade que se transformaria em muito mais; mas calma, não quero dar nenhum *spoiler*.

"Meu mapa natal, o do zodíaco, sei... Não acredito nessas coisas", pensei de imediato. No entanto, enquanto Elva analisava uma misteriosa roda, disse-me duas ou três coisas que me surpreenderam muito. Por isso, ao chegar em casa, decidido a tranquilizar meu ego, comecei a pesquisar e encontrei vários artigos que tratavam do efeito Forer.

Copio aqui o que diz a Wikipédia:

> "Em psicologia, o efeito Forer (também chamado de 'falácia de validação pessoal' ou 'efeito Barnum', por P. T. Barnum) se refere ao fenômeno ou evento que ocorre quando os indivíduos atribuem altos índices de acerto a descrições de sua personalidade, que, supostamente, adaptam-se de maneira específica a eles, mas, na verdade, são vagas e genéricas o bastante para se aplicarem a uma grande quantidade de pessoas. Esse efeito explica em parte a grande aceitação de algumas crenças e práticas, como a astrologia, a adivinhação, a leitura da aura e alguns tipos de testes de personalidade.".

Isso poderia ser o que Elva fizera. Mas eu queria me aprofundar e conhecer em primeira mão se haveria de fato alguma informação que pudesse ser obtida com base na posição dos astros ou se tudo aquilo não passava de uma farsa.

Desse modo, sem perder tempo, pedi a ela uma sessão. Ela marcou um horário para dali a algumas semanas. E nessa consulta me falou absolutamente de tudo. De meus potenciais, de minhas fraquezas, de meus relacionamentos, de minhas questões financeiras... Enfim, de tudo. E, enquanto ela falava, minha mente repetia: "Efeito Forer, efeito Forer". Mas já nessa sessão houve situações que não correspondiam ao tal efeito. Em nenhum momento, ela me disse coisas como: "Você é assim" ou "Você tem de fazer isso". Ao contrário, propunha-me maneiras de avançar por meu caminho, adaptadas a meu mapa. Além do mais, seu vocabulário era compreensível para uma mente cética e novata como a minha.

Saí da sessão com uma porção de informações para organizar. Desse modo, no mais puro estilo Sherlock Holmes, comecei a meditar deitado no sofá enquanto ordenava esses novos livros em minha cabeça, como se se tratasse de uma biblioteca.

De repente, lembrei-me de outro parágrafo que eu tinha lido:

"O efeito Forer é muito consistente quando as descrições são vagas. As pessoas leem as descrições e as aplicam ao próprio significado subjetivo; por conseguinte, essa descrição é percebida como 'pessoal' (por exemplo: 'Às vezes, você se sente seguro de si mesmo e, outras vezes, não'). Essa frase pode ser aplicada a praticamente todo mundo, e cada pessoa a lerá interpretando-a para si mesma.".

E exclamei: "É isso! Aí está a armadilha!". Mas Elva faz uma coisa muito boa, faz muitas, é verdade, mas uma delas é gravar a sessão em áudio e enviá-la para que você a ouça quantas vezes quiser. Assim, com uma caderneta em mãos e meus melhores fones nos ouvidos, eu estava decidido a tentar descobrir onde se encontrava a armadilha. Tenho de esclarecer que minha motivação se justificava porque, como você já deve ter imaginado, a leitura do mapa feita por Elva era impressionante: acertava tudo.

Em seguida, dei-me conta de que as descrições não eram vagas nem subjetivas; ela não falava em termos absolutos, mas personalizados: resolvia os problemas concretos que eu estava tendo em minha empresa. Não me falou de energias, de rituais nem de nada parecido; apenas me deu conselhos pragmáticos para desatar meus nós internos. Nesse momento, percebi que Elva faz astrologia com os pés bem presos ao chão.

Depois de um tempo, voltei a procurá-la. Minha empresa tinha crescido, e eu queria contratá-la para que desse uma aula. Minha mente tinha se aberto, e, assim como eu dispunha de uma classe de neurociência e duas psicólogas trabalhando para mim, por que não incluir um curso de astrologia? Eu havia entendido que todas as ferramentas são úteis se ajudarem alguém a ser mais feliz.

Alguns cursos e algumas aulas depois, fiquei sabendo que Elva era especialista em temas de relacionamento, e não sei muito bem como começamos a falar sobre o assunto. Eu vinha de uma relação muito tóxica e desejava que a próxima fosse excelente; por isso, precisava descobrir em que aspecto deveria melhorar.

Aprendi muito sobre como manter uma ótima relação, mas continuo aprendendo todos os dias, pois Elva se tornou minha companheira maravilhosa. Antes, eu achava que isso não poderia existir, mas, ao longo de nossos anos de relacionamento, com filhos em casa e uma empresa em comum, nunca tivemos uma crise nem uma discussão fora do tom. Amamo-nos de uma maneira saudável, conversamos, discordamos e entramos em acordo. Eu acreditava que o amor de verdade não existisse, que era uma invenção da Disney. Elva me fez mudar de ideia.

Tenho certeza de que este livro mudará sua vida a dois e ajudará você a ser feliz. Afinal, os problemas de relacionamentos se manifestam em todos os âmbitos da vida, não acha?

Vemo-nos do outro lado.

Um forte abraço,

FERRAN CASES

O DIA EM QUE DESCOBRI QUE NÃO PODERIA ESTAR EM UM RELACIONAMENTO

Quando eu tinha 12 anos, decidi que queria ser atriz. Senti isso quando vi Penélope Cruz recebendo o Prêmio Goya. Eu me imaginava como ela, interpretando "Macarena", em *A Garota dos seus Sonhos*, dançando e chorando no papel da minha vida. E, é claro, eu me via recebendo um Goya; senão, de que serviria tanto drama? Para encurtar a história, pedi para minha mãe me inscrever no teatro. E, depois de alguns papéis em apresentações de fim de curso, chegou o dia em que tive de fazer o papel de sardinha (literalmente, não estou mentindo) em minha primeira peça. A obra era sobre os elementos marinhos, e cada peixe simbolizava uma emoção do ser humano. Tudo muito criativo. Percebi que sentia muita vergonha de fazer aquilo e que ser atriz não era para mim.

Então, vi que gostava muito de mandar e que o ideal seria passar para o outro lado, como diretora de cinema. No entanto, como os tempos de filmagem são muito longos e a paciência não é meu forte, melhor seria me tornar diretora de programas de televisão. Estudei Comunicação Audiovisual e, antes de terminar o curso, já estava fazendo estágio na televisão pública da Catalunha, onde mais tarde trabalhei por alguns anos. Com o passar do tempo, percebi que meu dia a dia se baseava em receber ordens (e broncas) dos superiores, corrigir artes gráficas que não saíam bem e editar vídeos das notícias do dia. Mandar que é bom, quase nada.

No amor, eu não estava disposta a ter outra decepção. Tive alguns relacionamentos, a maioria deles muito curta. Acho que o mais longo foi com um rapaz de Vilanova (uma cidade muito bonita, perto de Barcelona), com quem fiquei por não mais de seis meses. Na minha cabeça, os relacionamentos eram maravilhosos. Eu era como a Julia Roberts em *Uma Linda Mulher*; chegava um milionário elegante e lindíssimo, que se apaixonava por mim perdidamente, e eu por ele, e todos os meus problemas estariam resolvidos.

É claro que a vida real não é assim. Os homens que apareciam me causavam mais problemas do que os resolviam.

Então, comecei a me preocupar com isso e a me ocupar disso. Inscrevi-me em todos os cursos que encontrei, li todos os livros que pude e experimentei todas as terapias existentes no planeta. Até que deparei com a astrologia. No início, reconheço que eu era muito cética, mas, quando a pessoa está desesperada, experimenta tudo o que encontra. E me rendi ao que vi.

> Minha mente desejava encontrar um parceiro,
> mas minha alma estava cheia de feridas
> que me impediam de abrir-me
> realmente para o amor.

Então, entendi tudo e me pus a trabalhar com a informação de que dispunha. Quanto mais aprendia sobre mim mesma, mais prestava atenção nos casais ao meu redor. Nenhum deles ia bem. A maioria das minhas amigas ficava sozinha por longos períodos ou mantinha relações que não funcionavam, mas não queria sair delas.

Nesse momento, percebi que eu tinha de compartilhar o que estava aprendendo. Formei-me como astróloga e terapeuta de casal e comecei a atender em consultas diariamente. Até hoje, já atendi milhares de pessoas e, pelo que ainda verifico, as relações são mesmo o terreno mais complicado de todos. É que na vida tudo é uma questão de relacionamento. A começar pelos que temos com nós mesmos e, por fim, com o que mantemos com parceiros ou clientes.

Neste livro, vou compartilhar com você os 12 possíveis padrões emocionais para trabalhar de acordo com a astrologia. Em um mapa natal, analisamos a Lua para ver as feridas da infância. Essa Lua nos informa seu estado de várias maneiras. Conseguimos obter informações não apenas a partir do signo e da casa nos quais ela se encontra, mas também a partir dos planetas próximos a ela (se houver) ou que estiverem em tensão com ela etc. O mapa natal é o informante do que existe, é uma ferramenta de diagnóstico perfeita.

Se você ler os 12 padrões que apresento, talvez se veja refletido em dois, quatro ou sete deles. Não há uma regra. No entanto, ninguém tem apenas um, pois a Lua não está solta, no mínimo encontra-se em um signo ou em uma casa. Não se preocupe, vou explicar tudo em detalhes mais adiante.

Leia os 12 e analise quais se referem a você e quais não. Encontre sua própria combinação, única e intransferível, que lhe abrirá as portas para o amor, como as abriu para mim.

Poucos anos depois, conheci meu Richard Gere em uma casa de chá do bairro Gràcia, em Barcelona. Muito melhor que o do filme, sem a menor sombra de dúvida! Ele vinha de um relacionamento longo e difícil, que o levou a fazer psicanálise e a cicatrizar cada uma de suas feridas, e eu havia feito o mesmo, como resultado de minha eterna solteirice. Nossos corações estavam calejados, e havíamos criado a situação perfeita para poder nos encontrar. Nem antes nem depois, aquele era o momento: estávamos preparados para uma boa relação. E embora *Uma Linda Mulher* termine com a cena do buquê, seguimos em frente e hoje temos uma família muito bonita. Mais ao estilo da cena final de *Um Lugar Chamado Notting Hill*, na qual Julia aparece grávida no parque.

MANUAL DE INSTRUÇÕES DAS LUAS

POR QUE ANALISAMOS A LUA, E NÃO VÊNUS

O mapa natal tem 12 signos, 12 casas e dez planetas. Cada um de nós tem os planetas distribuídos nos signos e nas casas, de acordo com o dia, a hora e o lugar em que nascemos. O mapa natal é uma fotografia do céu no momento exato de nosso nascimento. Às 6h50 do dia 13 de março de 1979, em Madri, o céu não estava igual ao das 5h do dia 1º de abril, em Nova York. E como o céu está sempre se movendo, os mapas variam sempre. Cada um de nós tem um mapa único e intransferível. Até mesmo os gêmeos nascem com minutos de diferença.

Quando analisamos um mapa natal, estabelecemos paralelismos entre cada uma dessas configurações e os distintos padrões psicológicos. Por exemplo, dependendo de onde e como estiver Marte, saberemos como determinada pessoa lida com a raiva. Associamos Marte à ação, e a emoção que lhe atribuímos é a raiva. Se ele estiver em um signo ou uma casa de fogo, sairá em forma de explosão, e se estiver em um signo ou uma casa de água, aparecerá de forma mais sensível e introspectiva. Isso dirá se a pessoa é uma lutadora nata ou se prefere fugir do conflito. Está claro, não? Pois bem, assim procederemos com todos os planetas. Estabeleceremos equivalências de sua situação no mapa com os padrões psicológicos até definir a pessoa.

No terreno dos relacionamentos, muitos consideram que o planeta do amor é Vênus e que, portanto, para analisar nossas relações, temos de nos concentrar nele. Discordo. Considero que o primeiro planeta a ser analisado é a Lua, pois, no meu entender, transferimos para nosso parceiro ou nossa parceira o que não foi resolvido com nossos pais. Segundo Louise Glück, poetisa norte-americana, "olhamos o mundo uma única vez, na infância; o restante é memória". Só posso concordar com ela.

> A Lua nos fala das feridas da infância
> e de como vivemos o primeiro amor: o da mãe
> (ou pessoa equivalente), padrão que logo
> repetiremos em todos os nossos vínculos.

Isso não significa que se deva responsabilizar nossa progenitora pelo que acontece em nossos relacionamentos, mas certamente algumas pessoas tentarão tirar proveito disso. Trazemos a Lua desde o nascimento, quando nossa santa mãe ainda não tinha dito nada. Nascemos com esse olhar predeterminado sobre o mundo e, por meio dele, interpretamos o que nos acontece. Por isso, podemos ver dois irmãos com luas diferentes, cada um com uma interpretação.

Certa vez, recebi uma moça em meu consultório. Ela me contou que, ao chegar em casa, beijava e abraçava os filhos e que o mais velho lhe dizia que ela era muito chata, pois interrompia a brincadeira; enquanto o segundo nunca achava suficiente e se alegrava com os carinhos da mãe. Ela lhes dava poucos ou muitos beijos? Dava o mesmo aos dois: para um, eram muitos; para o outro, poucos.

Não se trata de julgar o que nos fizeram, e, sim, de ver como interpretamos o que aconteceu.

A partir disso, geramos crenças fundamentais que tendemos a repetir na vida adulta. A Lua nos dá pistas sobre isso. Seu signo, sua casa e seus aspectos indicam como damos e recebemos o alimento (físico e emocional). As primeiras relações marcam o que, para nós, é nossa zona de conforto.

Por exemplo, quem era repreendido aos gritos pela mãe buscará pessoas que o tratem mal, mesmo não gostando desse tipo de tratamento. Em sua mente, de maneira inconsciente, quem lhe quer bem age dessa forma. E quem foi abandonado associa amor à ausência e, por conseguinte, será um ímã para pessoas que priorizem outras coisas antes da relação. Assim, reafirmamos nosso padrão principal, que, para nós, é terreno conhecido.

Se nosso parceiro ou nossa parceira não validar esse padrão principal, a mente não interpretará o que ele(a) nos dá como afeto e, portanto, será impossível nos apaixonarmos por ele(a).

Esse é o modo como as dinâmicas se repetem. E direi mais ainda: o padrão inicial também é o que nos damos quando precisamos de amor. Às vezes, a maior ausência é não cuidar de si mesmo, e os piores maus-tratos são os que nos infligimos. É o que veremos mais adiante nas seções correspondentes.

A boa notícia é que, embora venhamos ao mundo com uma configuração básica, tudo pode ser reprogramado. Os últimos estudos em neurociência afirmam que as conexões neurais podem se alterar. Ainda que o neurônio A se conecte ao neurônio B e dê um resultado C, podemos ensinar a esse neurônio A a conectar-se com o C e dar um resultado diferente. Querida Alaska, aquela história de que "Sou assim, continuarei assim, nunca vou mudar"* já era.

O primeiro passo para curar nossa Lua é entender que o fato de certa dinâmica constituir para nós uma zona de conforto não significa que ela nos faz bem. Quem vem de uma situação de abandono está habituado a ela, mas isso não significa que gosta dessa circunstância nem que ela lhe convém. Significa que é o que conhece, e isso o atrairá, pois atraímos o que somos, e não o que queremos.

> Nossa zona de conforto nos dá segurança,
> mas não necessariamente nos dá felicidade.
> Por isso, é muito importante identificá-la e,
> se preciso for, mudá-la.

---

* Verso da canção "A quien le importa" (Quem se importa), da cantora e atriz Alaska, nascida no México. (N. da T.)

É fundamental entender que, se até o momento atraímos determinado tipo de relacionamento, é porque éramos assim. Quem permite que o outro esteja ausente é porque está profundamente ausente para si mesmo e atrai alguém que repete o que ele transmite. É possível que você tenha ficado confuso ao ler isso, mas, quando o compreender e aplicar à sua vida, terá entendido tudo, e o sucesso será garantido. Poderá atrair o que quiser.

É imprescindível que tomemos consciência de nossos padrões lunares, incluídos os planetas que interagem com eles. Desse modo, poderemos mudá-los se acharmos conveniente e, então sim, alcançar Vênus. A deusa Afrodite é um planeta adulto que rege o intercâmbio em equilíbrio. Mas, se tivermos múltiplas feridas, nos vincularemos a alguém por necessidade de proteção, a partir do medo, da repetição de padrões e da Lua. É fácil nos apaixonarmos por quem faz um curativo em nossa criança ferida. Porém, se nos conscientizarmos desse fato e o trabalharmos, poderemos escolher de maneira livre e adulta com quem queremos nos relacionar, pois já não precisaremos de ninguém para curar nada. Quando as feridas estão abertas, são elas que mandam; quando estão fechadas, é você quem manda; e então, somente então, você poderá escolher com quem quer estar.

Aqui começam as boas relações, aquelas nas quais ninguém cura ninguém, mas os dois parceiros formam uma equipe. Em termos astrológicos, diremos que, enquanto não curarmos a Lua (apego infantil), não alcançaremos Vênus (intercâmbio adulto).

COMO CALCULAR O MAPA NATAL

A primeira coisa que você precisa ter à sua frente é seu mapa natal. E, sim, mapa astral e mapa natal são a mesma coisa. Se me pagassem a cada vez que me perguntam isso, eu estaria escrevendo este livro nas Bahamas. Essa e a pergunta sobre os gêmeos são as mais recorrentes, mas deixo a última para quando escrever um livro sobre crianças.

Bem, na realidade, há uma pequena diferença. Se formos muito exigentes, um mapa astral é uma fotografia dos astros e, portanto, pode ser tirado a qualquer momento. Um mapa natal, por sua vez, é a foto dos astros no momento em que você nasce. Contudo, na prática, quando falamos de mapa natal ou mapa astral, ambas as expressões são usadas como sinônimas.

Para saber qual é a sua Lua, você precisa considerar o mês em que nasceu.

Quando dizemos que somos de um signo ou de outro, estamos falando do Sol. Com a Lua, as coisas não funcionam do mesmo modo, pois ela muda de signo a cada dois dias e meio. Portanto, uma pessoa pode ser de Touro, mas ter a Lua em qualquer um dos signos. Não é algo que dê para saber de cor, mas que se deve calcular com um *software*. Basta lançar na internet "calcular o mapa natal", e você encontrará inúmeras páginas. Insira os dados relativos ao seu nascimento e você obterá o gráfico do seu mapa.

COMO ANALISAR SEU MAPA NATAL

Em astrologia, existe uma tríade básica: cada signo tem uma casa e um planeta correspondentes. Por exemplo, ao signo de Áries, que é o primeiro número, correspondem a casa 1 e o planeta Marte. Ao de Touro, correspondem a casa 2 e o planeta Vênus, e assim por diante com todos os signos. Todos têm uma casa equivalente e um planeta que os rege. Ter a Lua em Gêmeos ou na casa 3 é equivalente.

A maioria das pessoas que começa a analisar um planeta em seu mapa, por exemplo a Lua, dá mais importância ao signo. "Tenho a Lua em Touro, e meus relacionamentos são assim ou assado", dizem, como se estivessem decifrando o mapa do tesouro. Não se dão conta de que talvez essa Lua esteja em Touro, mas na casa de Áries e em conjunção com o planeta de Capricórnio, e isso muda toda a equação. Quem analisa apenas o signo faz um balanço superficial da situação e, por isso, leva anos estudando sua Lua, quase sem obter resultados. A análise é incompleta, e a recuperação, impossível.

Por outro lado, nem todas as coisas que afetam um planeta – nesse caso, a Lua – intervêm com a mesma força. E isso é muito importante. Temos de estabelecer hierarquias, e o signo não é o primeiro. O signo no qual se encontra a Lua não nos informa, necessariamente, a respeito de uma ferida emocional; talvez o faça algumas vezes, outras, não. Pela minha experiência, o signo informa apenas sobre algumas características dessa Lua, mas o verdadeiro indicador da existência de uma ferida é a presença de outro planeta em tensão.

Vejamos um exemplo. Se a Lua estiver em Capricórnio, signo do dever, pode nos indicar que a pessoa em questão aprendeu a arcar com suas emoções sem a ajuda dos outros e que se sente confortável assumindo responsabilidades. Essa seria uma explicação sobre o signo de Capricórnio, uma característica dessa pessoa que não lhe causa problemas nos relacionamentos. Em compensação, se alguém tiver a Lua em conjunção com Saturno, planeta regente de Capricórnio, isso pode, sim, indicar-nos que essa pessoa teve de amadurecer antes do tempo, administrar incumbências que não lhe diziam respeito e que, nesse momento, teme relacionar-se por medo de isso significar outro peso a ser carregado. Dá para perceber a diferença?

No primeiro caso, há apenas o signo de Capricórnio, que nos indica uma característica da personalidade; no segundo, há tensão com o planeta de Capricórnio e, portanto, uma ferida associada. Pouco importa se essa última Lua está em um signo ou em outro; se houver tensão com um planeta, ele eclipsará o restante da informação.

> O signo em que se encontra a Lua
> apenas fornece atributos; é a presença
> de um planeta em tensão que
> nos indica a existência de uma ferida.

Como você pode ver, não devemos nos deter muito nos signos ou nas casas, embora eles também tenham de ser levados em conta. Não digo que não acrescentem uma informação valiosa, mas, se buscamos a cura, primeiro teremos de procurar os indicadores traumáticos e nos concentrar nos planetas que estiverem em aspecto tenso com a Lua.

E o que é um aspecto tenso? Existem três. O primeiro é chamado de "conjunção" e ocorre quando um planeta está muito próximo da Lua. É identificado porque se traça uma linha vermelha entre os dois planetas quando estão a menos de 10 graus. Nesse exemplo, a Lua está a 11 graus, e Saturno, a 13. Como entre eles há menos de 10 graus, cria-se uma conjunção. É muito fácil vê-la no mapa porque ambos os planetas estão juntos, como na ilustração a seguir.

CONJUNÇÃO

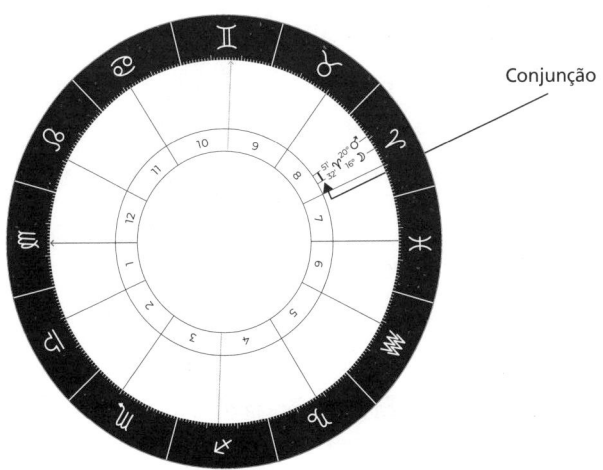

Um segundo aspecto tenso é a "quadratura". Ela ocorre quando, entre a Lua e o outro planeta, cria-se um ângulo de 90 graus. É possível identificá-la porque forma uma linha vermelha e curta. Também daremos à quadratura uma margem de 10 graus para cima e para baixo. Se isso lhe parecer muito confuso, basta verificar se a linha vermelha pode ser traçada. Em caso afirmativo, é porque há uma quadratura; do contrário, nada se forma.

QUADRATURA

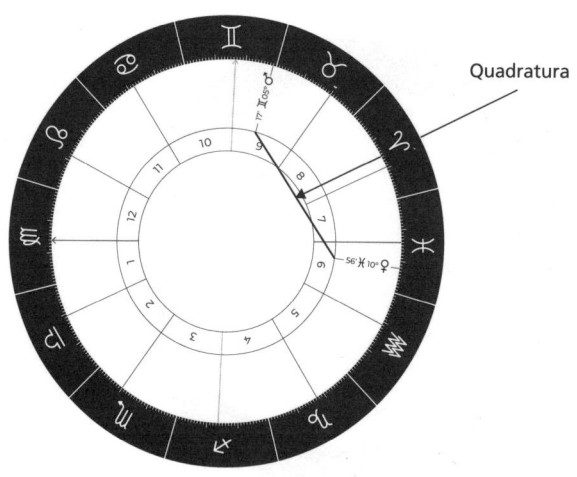

O último aspecto tenso é a "oposição". Ela se cria quando o outro planeta está exatamente no lado oposto ao da Lua, ou seja, a 180 graus. Essa distância pode ser marcada com uma linha vermelha e comprida. Igualmente daremos à oposição uma margem de 10 graus.

OPOSIÇÃO

Em resumo: se quiser analisar sua Lua, você poderá observar o signo ou a casa em que ela se encontra e consultar a seção correspondente; porém, o mais importante é verificar se há linhas vermelhas relacionadas a um ou a vários planetas. Se houver, você já pode pegar seu marcador de texto.

Entretanto, ainda falta uma etapa. Se sua Lua tiver planetas em tensão, você terá de verificar a que signo equivale esse planeta para poder localizar nestas páginas a seção que lhe convém consultar. Segue o quadro de equivalências:

A Lua na casa 1 ou em tensão com Marte	equivale ao signo de Áries.
A Lua na casa 2 ou em tensão com Vênus	equivale ao signo de Touro.
A Lua na casa 3 ou em tensão com Mercúrio	equivale ao signo de Gêmeos.
A Lua na casa 4	equivale ao signo de Câncer.
A Lua na casa 5 ou em tensão com o Sol	equivale ao signo de Leão.
A Lua na casa 6 ou em tensão com Mercúrio	equivale ao signo de Virgem.
A Lua na casa 7 ou em tensão com Vênus	equivale ao signo de Libra.
A Lua na casa 8 ou em tensão com Plutão	equivale ao signo de Escorpião.
A Lua na casa 9 ou tem tensão com Júpiter	equivale ao signo de Sagitário.
A Lua na casa 10 ou em tensão com Saturno	equivale ao signo de Capricórnio.
A Lua na casa 11 ou em tensão com Urano	equivale ao signo de Aquário.
A Lua na casa 12 ou em tensão com Netuno	equivale ao signo de Peixes.

Você deve ter notado duas curiosidades.

A primeira é que não associei o signo de Câncer a nenhum planeta. Isso porque ele é regido pela própria Lua, e ninguém pode ter a Lua em conjunção com ela própria, pois isso equivaleria a ter duas luas no mesmo mapa, algo impossível.

A segunda é que alguns signos compartilham o planeta regente (por exemplo, Vênus rege tanto Touro quanto Libra, e Mercúrio rege Gêmeos e Virgem ao mesmo tempo). Se você tiver, por exemplo, a Lua em tensão com Mercúrio ou Vênus, vale a pena ler ambos os signos e descobrir com qual deles se identifica mais ou simplesmente somar os dois à sua equação. Você escolhe.

Se tudo isso lhe parece muito confuso, tenho boas notícias. Há outra forma de trabalhar com este livro. Você pode ler todos os signos e refletir sobre quais deles falam de seu caso pessoal e quais não.

Às vezes, temos padrões adquiridos do ambiente, e existem outras posições que afetam os relacionamentos amorosos, como os planetas na casa 7, os dispositores, os graus de dodecatemória da Lua e outras milhares de coisas que não trabalharemos aqui porque, do contrário, este livro se tornaria uma tese de doutorado muito maçante.

Anteriormente, eu disse que uma pessoa pode ter quatro, cinco ou seis padrões, mas não é possível ter todos, tampouco não se identificar com nenhum. Somos todos humanos e temos as mesmas emoções, porém, em graus diferentes. Como seres emocionais, devemos ser capazes de distinguir o que sentimos e de identificar uma ferida real ou um padrão de repetição que interfere em nossos vínculos.

Talvez o mais proveitoso seja ler os 12 padrões e analisar quais falam de nossas feridas e quais não. Assim, a partir de então, somar os que se referem a nós e pôr mãos à obra. Simples assim.

QUE SIGNOS AFETAM SUA LUA

Para saber que feridas afetam uma Lua, é preciso procurar os signos equivalentes aos planetas que estão em tensão com ela e analisá-los um por um. Vejamos um exemplo, pois isso sempre ajuda.

Em primeiro lugar, observaremos em que signo está a Lua; por exemplo, Áries (código 1). Em seguida, acrescentaremos a casa em que está (as casas são as 12 porções nas quais dividimos um mapa, simbolizadas com números); por exemplo, a casa 3 (código 3). Depois, será preciso acrescentar o que realmente importa: os planetas que interagem com ela. Suponhamos que você tenha uma quadratura de Plutão (código 8) e uma oposição de Netuno (código 12). O código final dessa Lua seria 1-3-8-12; assim, você teria de prestar uma atenção especial a essas quatro seções e analisar o que nelas se propõe.

Por conseguinte, se alguém disser que tem a Lua em Áries, é como se afirmasse que é uma mulher. É pouca informação, pois dá no mesmo ser mulher no Afeganistão ou em Nova York. E, nesse caso, ocorre algo parecido. Ter a Lua em Capricórnio, na casa 1, quase sem aspectos, é completamente diferente de tê-la no mesmo signo, mas na casa 8, com Plutão e dois planetas a mais em tensão. A equação muda de maneira radical.

Entende agora por que perguntar a alguém qual o seu signo não serve para quase nada?

RED FLAGS (BANDEIRAS VERMELHAS)

A seguir, chamarei a atenção para uma série de aspectos muito importantes a serem levados em conta. Por favor, não pule esta seção nem a leia de maneira rápida e superficial. Sei que é um pouco desagradável, mas a boa compreensão deste livro depende, em parte, dela.

1. **Não existem verdades absolutas.** Vou explicar certos conceitos e espero que eles o ajudem a ver aspectos de si mesmo

que você não conhecia ou precisava reafirmar, mas não tome nada como uma verdade absoluta. Quando falamos de pessoas, há tantas variáveis quantas são as pessoas no mundo. Essa não é uma ciência exata, na qual um mais um é igual a dois. O que escrevo está baseado em minha visão e em minha experiência. Para poder explicá-lo, tenho de reunir alguns fatores e, em alguns casos, generalizar. Encorajo você a encontrar suas próprias nuances, a chegar às suas próprias conclusões e a descartar o que não lhe servir.

2. **Não faça projeções.** Conhecer a Lua (ou o mapa) de alguém não significa que podemos fazer julgamentos sobre essa pessoa. Mesmo que eu e você tenhamos a tristeza como emoção básica, nem você nem eu vivemos a tristeza do mesmo modo. Porque eu não vivi na sua pele, na sua família nem nas suas circunstâncias, tampouco você nas minhas. Por favor, não pense que conhece alguém, por mais que seja capaz de analisar a Lua em seu mapa natal. Isso é um erro. A única coisa que você conseguiria fazer seria obter uma imagem preestabelecida dessa pessoa e perder o prazer de conhecê-la. E isso inclui você mesmo.

3. **Não existe posição mais favorável que outra nem signo melhor que outro.** O importante não é o que você tem, e, sim, o que você faz com o que tem. Vi posições aparentemente complicadas com resultados magníficos, e o inverso também. Não rotule um arquétipo lunar como mais fácil que outro, pois essa hierarquia não existe. Além disso, pense

que o mapa tem mais nove planetas e uma série de elementos que também jogam a favor ou contra.

4. **Este livro tem uma função de divulgação.** Não é uma terapia nem um tratamento para nenhuma patologia psicológica. Se você acha que precisa de ajuda, não hesite em recorrer a um profissional de saúde mental.

CÓDIGO 1

Lua em Áries e o medo de não poder fazer

(Lua em Áries na casa 1,
ou em tensão com Marte)

> Abandonar o escudo é o primeiro passo para vencer uma guerra.
>
> — Elvira Sastre

O CASO DE ANGELINA JOLIE

Há alguns dias, li a história de uma moça cujos pais haviam se separado quando ela tinha apenas 1 ano. Ela queria a aprovação da mãe para trabalhar como modelo, mas a única coisa que conseguiu foram alguns contratos para agências menos importantes e muitas provocações por parte dos colegas de escola. Sua reação não foi adotar uma postura submissa nem contar aos professores, mas responder com discussões e uma ou outra autoagressão. A relação com o pai não ajudava; a tensão com ele era constante até que ela decidiu abandonar seu sobrenome, Voight.

Seu nome, como você já deve ter deduzido, é Angelina, e a superguerreira Lara Croft é seu papel mais conhecido no cinema. Os personagens nunca são por acaso, e Angelina Jolie tem a Lua em Áries em conjunção com Marte (este último é o mais importante).

> Quem tem a Lua no signo
> da guerra encontra sua zona de conforto
> na batalha, tanto interna quanto externa.

Para quem tem essa Lua, a raiva é a emoção básica. Isso significa que, quando essas pessoas se aborrecem, processam e administram o restante das emoções. Pedir que não reajam é como pedir que não tentem compreender como se sentem. A única coisa que conseguiremos é que bloqueiem o que lhes acontece, e o conflito se estenderá ainda mais. Não se trata de censurar ou autocensurar a explosão, mas de canalizá-la para que ela realmente possa trazer a informação de que precisamos. Mais adiante explicarei com calma como fazê-lo.

Antes de prosseguir, eu gostaria de esclarecer uma questão. O fato de a emoção básica de alguém ser a raiva não significa que essa pessoa tem um temperamento dos diabos e que não encontrará sua alma gêmea. (Quem foi a primeira avó que ameaçou com essa frase? É de matar!) Se alguém está em guerra por dentro porque não consegue resolver seus assuntos, seu companheiro ou sua companheira os ativará cedo ou tarde ao pôr o dedo na ferida, podendo causar muito ressentimento. Pois, se uma pessoa está em guerra com outra, também estará em guerra com qualquer situação que se assemelhe a esta última, e como o companheiro ou a companheira compartilhará com ela todo tipo de momento, cedo ou tarde terá de lidar com um problema que não é seu. Dito isso, vamos em frente.

Voltando a Angelina, lembro-me de que, em 2005, junto a seu ex-marido Brad Pitt, ela foi a protagonista no filme *Sr. & Sra. Smith*, no qual interpretavam um casal de assassinos de aluguel pertencentes a empresas concorrentes e cujo objetivo era matar um ao outro. Pois essa Lua é um pouco assim; às vezes, parece viver em um terreno competitivo, no qual os ressentimentos se misturam aos beijos em uma espécie de guerrinha cúmplice. Visto de fora, parece esquisito, mas, quando se conhecem as regras do jogo, pode ser muito divertido e até erótico.

Uma boa Lua em Áries não deveria ser criticada na intimidade. Dito de outra maneira, quer exprima seu aborrecimento, quer fale com sinceridade, significa que está confortável. Se ela se mostrar diplomática, é porque não está se conectando com seu mecanismo lunar e, portanto, não está criando nenhum tipo de vínculo.

Não conheço Angelina pessoalmente. Tampouco Céline Dion, Rihanna e Bill Gates. Quem me dera um dia receber um e-mail de um deles pedindo-me uma consulta. Quanta imaginação! Mas sei que todos eles têm essa Lua, o que os torna lutadores natos, que encontram nesse fogo interno um estímulo irrefreável para conseguir o que se propõem a realizar. Ninguém os detém, mas essa impulsividade pode afastar os outros do caminho.

Nesta seção, analisaremos a Lua em Áries a partir de sua reação mais imediata, o aborrecimento, até seu maior potencial, o entusiasmo e a força interna. Veremos como encerrar a guerra, que pode separar-nos dos demais, e como fazer com que o amor seja a única arma em jogo. Preparados, a postos, vamos lá!

A BATALHA INTERNA

Quando uma pessoa vive em situação de ataque permanente, é porque, no fundo, tenta evitar que lhe façam mal. O erro está em se proteger atacando, ou seja, usando a mesma arma que a feriu. Desse modo, causa aos outros um mal parecido. Com essa atitude, a única coisa que consegue é formar um ciclo no qual todos se protegem de todos, e assim torna-se difícil, para não dizer impossível, criar boas relações.

A primeira coisa que precisamos entender é que, quando estamos em guerra com o exterior, é porque estamos em guerra por dentro. Se quisermos firmar a paz com o mundo, já sabemos por onde começar. Mas não é tão simples assim. A maioria das pessoas não reconhece a origem de tudo, qual foi o primeiro motivo pelo qual se aborreceu nem com quem, e é nesse ponto que tudo foge ao controle. Vivem se protegendo e não sabem sequer de quem se protegem.

> Na maioria das vezes,
> não estamos aborrecidos com a pessoa
> com a qual brigamos.

Eis a chave de tudo. É interessante notar que, quando nos aborrecemos com uma pessoa, é porque ela nos mostra algo semelhante à situação com a qual estamos verdadeiramente em conflito. Explico: Angelina Jolie se aborrecia com seus colegas de classe, mas é bem provável que, na verdade, estivesse chateada com sua mãe, que a conduzia por um caminho com o qual ela não concordava, ou talvez estivesse sofrendo porque seus pais tinham se separado, ou sabe-se lá por qual motivo. Os colegas salientavam algo que não a deixava em paz, e por isso ela se irritava. Mas, como eles não eram os causadores do conflito inicial, por mais que brigassem, a raiva continuava viva nela e... vieram as autolesões. Seu caso é extremo, mas podemos transferi-lo para nossa vida na escala que corresponda a nós.

> Se não curarmos a ferida inicial,
> acabaremos atacando pessoas
> que nunca nos agrediram.

Por exemplo, quem se aborrece porque o cliente é lento na hora de pagar talvez, na realidade, esteja cansado de sustentar uma situação que segue mais lentamente do que ele gostaria. E como essa frustração não está resolvida, esse cliente, que faz algo parecido, acaba arcando com as consequências. Quem nunca teve um chefe que grita porque, na verdade, não sabe administrar a pressão que recebe por parte de seus superiores? Pois esse é outro exemplo comum.

> Travamos externamente as batalhas
> que não sabemos gerenciar internamente.

Quem apresenta essa Lua já terá encontrado em muitas ocasiões pessoas que se ofendem por seu tom ou pelo modo como as trata, pois não entendem sua reação.

Desse modo, é óbvio por onde se deve começar a própria cura: é preciso identificar a origem de tudo. Mas isso não é tão simples assim, já que com frequência a raiva atua apenas como uma ponte emocional.

AS EMOÇÕES QUE SERVEM DE PONTE

Se essa Lua responder apresentando irritação, isso não significa que a ferida inicial suscitou necessariamente essa emoção. Às vezes, por trás da raiva, há muita tristeza, frustração ou medo. Aqui, a raiva é apenas o canal para exprimir o que acontece, pois possivelmente a pessoa tem dificuldade para se conectar com a emoção inicial, seja por vergonha, seja por censura ou simples resistência.

Quando eu estudava Comunicação Audiovisual, tive algumas matérias na área de publicidade, nas quais se analisava a psicologia do consumidor. Assisti a muitas aulas, e a maioria não me serviu para absolutamente nada, mas uma em particular mudou minha perspectiva de como vender e depositou a semente do que mais tarde acabaria se tornando minha paixão: a análise emocional. O conceito era o das "emoções que servem de ponte".

Para muitos de nós, algumas emoções são proibidas, seja porque a sociedade as pune, seja porque nossa família não as vê com bons olhos, e, assim, aprendemos a reprimi-las. Desse modo, quando temos de nos conectar com essa emoção, acabamos usando outra que seja mais aceita.

Uma emoção que serve de ponte é aquela
que usamos para exprimir
uma emoção censurada.

Um exemplo característico seria o caso de uma mulher que sente a necessidade de exprimir seu aborrecimento em uma reunião, mas, em vez disso, vai chorar no banheiro. No entanto, como a emoção principal não era a tristeza, e, sim, a raiva, essas lágrimas não canalizam nada, e a única coisa que ela consegue é criar uma panela de pressão que, cedo ou tarde, acabará explodindo. Como se sente culpada, na próxima vez vai se censurar ainda mais, formando um círculo vicioso no qual a vontade de chorar será recorrente e se transformará em algo sem sentido. Nesse caso, a emoção punida é a raiva, e a que serve de ponte, a tristeza.

Socialmente, há emoções que são punidas e outras que são aceitas, seja por razões sexuais, de *status* ou de idade, e isso nos condiciona. De modo geral, costuma-se punir a raiva nas mulheres e a tristeza nos homens, e ambos os sexos usam a emoção contrária como ponte, pois assim elas são aceitas. Ainda bem que as coisas estão mudando, e cada vez mais se entende que o melhor para que alguém se cure é permitir que exprima o que sente, sem condicionantes. Essa é uma questão de educação emocional, e, quanto antes se começar refletir sobre ela, melhor.

> Há famílias e ambientes que censuram certas emoções.

Se a sociedade nos afeta, a família, então, nem se fale. Quem recebeu uma educação segundo a qual chorar não era uma resposta possível acostumou-se a usar uma emoção como ponte que lhe fosse permitida. Assim, teremos alguém que se apega à alegria como refúgio sempre que sentir tanto a alegria quanto a emoção proibida, por exemplo, a tristeza. Você conhece alguém que, diante de uma situação dolorosa, prefere festejar, gracejar e virar a página o quanto antes?

> Quando alguém não se identifica com a própria Lua, talvez seja porque não é capaz de reconhecer-se ou porque está usando uma emoção como ponte.

Se isso acontecer a alguém com a Lua em Áries, talvez essa pessoa pense que se trata de analisar explosões, aborrecimentos e ataques de ira. Mas não. Vale a pena esclarecer que essa pessoa pode estar irritada com o mundo e nunca gritar; às vezes, sofre por dentro, e esse sofrimento assume diversas formas. Por exemplo, há pessoas com um comportamento passivo-agressivo: conseguem que sua vontade seja satisfeita manipulando os outros com olhares, gestos ou discursos que os fazem sentir-se culpados; assim, elas obtêm o que querem. Há que se ter cuidado com elas, pois são pessoas muito tóxicas. Mas é fundamental observar se não somos nós que estamos nos comportando desse modo, pois, nesse caso, as relações com nosso ambiente se tornarão destrutivas também para nós.

Outro motivo pelo qual uma pessoa pode não identificar esse padrão é o fato de usar uma emoção que sirva de ponte porque conectar-se com a inicial seria demasiado doloroso. Esse foi o meu caso. Quando eu tinha 10 anos, meu pai faleceu, e minha família desabou por completo. Decidi que não choraria; assim, alguém em casa manteria a serenidade e motivaria os outros. Por coincidência, naquela época, minha mãe me tirou da ginástica e me matriculou no curso de dança. Achou que a ginástica rítmica prejudicaria minha coluna e que a dança a fortaleceria. E como minha tia dançava sevilhanas*, de repente me vi em uma escola de flamenco. Gostei da modalidade e passei a me dedicar cada vez mais a ela, até que entrei para uma companhia na qual dançava três horas por dia.

> Com o passar dos anos, entendi que a raiva
> tinha se transformado em minha maior aliada, porque,
> servindo de ponte, essa emoção havia permitido
> que eu não me conectasse com a tristeza.

Essa raiva, que me fazia dançar com tanta garra, era a mesma que me fazia chorar internamente a cada passo de dança e contrair

---

* Dança popular, originária da região de Sevilha. (N. da T.)

cada músculo, emitindo um grito mudo. Quando meu pai morreu, decidi não falar a respeito, mas pus minha dor na dança.

Aos 20 anos, comecei a verbalizar e a chorar tudo isso e, como por mágica, meu interesse pelo flamenco se atenuou. Saí da companhia, e a verdade é que nunca mais voltei a me interessar muito pela dança.

Isso não significa que por trás de cada Lua em Áries haja uma tragédia, mas indica que o importante é identificar a emoção básica para que a emoção que serve de ponte não se torne também um escudo, levando-nos a eternizar a dor.

FAZEMOS E JÁ VEMOS

Essa frase se tornou popular graças a Los Javis, casal espanhol de diretores de cinema. O lema "fazemos e já vemos" é Áries em estado puro. Tem esse ponto de inconsciência inocente, mas, ao mesmo tempo, a magia de quem se lança sem freios, guiado pelo entusiasmo. Nesse caso, não há estratégia nem duplicidade, mas ação por inércia.

Primeiro fazer, depois sentir.

Uma das características mais importantes de Áries é a velocidade. São pessoas que nasceram com pressa. Por isso, pedir-lhes um tempo mais longo para conhecê-las, para viver com elas após vários anos de relacionamento ou propor-lhes um casamento de séculos é algo impensável. Sabem muito bem o que querem e o querem na hora.

Isso tem várias consequências, entre elas, tropeçar duas vezes na mesma pedra por falta de atenção ou hiperatividade quando se tenta não entrar em contato com as próprias emoções. Essa impaciência interna faz que muitas vezes essas pessoas tratem mal quem está a seu lado, sem se darem conta, ou até se incomodem com a presença de outras pessoas com as quais devem entrar em acordo, pois estas podem frear ou questionar o que elas querem e se dispõem a conseguir.

Áries é um signo individualista, mas isso não significa que as pessoas marcadas por ele não possam ter um parceiro nem se unir a um sócio. Significa que há uma rejeição inicial a ter de dar muitas explicações ou ouvir as opiniões alheias. Não vieram ao mundo para compartilhar, querem seguir em frente, pensando apenas nos próprios interesses, e quem se colocar em seu caminho certamente será expulso. Sabem muito bem o que querem e não deixam de fazê-lo, mesmo que isso não agrade aos outros. Por essa razão, os parceiros que melhor se darão com elas serão os que lhes forem tão semelhantes que dificilmente terão de se justificar, ou os que possam tomar a iniciativa sem que elas vejam algum problema. Se há algo que as pessoas de Áries consideram importante é não perder tempo.

> Se essa Lua for ao extremo, podemos estar diante de alguém que tem dificuldade para ouvir o que o outro lhe propõe, ou para conectar-se com sua opinião. Também pode ser uma Lua invasiva, que não leva em conta o papel do outro.

Quando sentem algo, lançam-se a ele sem pensar. Não têm má intenção, são puro impulso. Não é que depreciem o outro, apenas não o veem, em virtude da velocidade com que se lançam e da clareza com que pensam.

Esse é um signo que se entedia com muita facilidade e precisa constantemente estabelecer novos planos e recomeços para se conectar com sua energia principal. Não nos esqueçamos de que Áries é o primeiro signo, associado à primavera, à explosão da natureza; a acomodação ou a procrastinação o tiram do sério. No que se refere aos relacionamentos, é recomendável que procurem estabelecer novas etapas, novos planos e novas metas que possam desenvolver juntos. Isso unirá o casal mais do que qualquer frase bonita ou teoria romântica.

AS TRÊS FASES DA RAIVA

Por trás da raiva está a frustração; quanto a isso, não há dúvida. Todos temos de aprender a renunciar à vida que sonhamos para nos concentrar na que nos cabe viver. Em algumas ocasiões, podemos nos sentir culpados e desenvolver uma raiva crônica contra nós mesmos. Mas é preciso que aprendamos a nos perdoar, a nos aceitar e a avançar.

Até identificarmos a verdadeira origem do mal-estar, continuaremos em guerra com nós mesmos, com o mundo e com tudo o que nos lembre o que não curamos.

> O segredo está em armar-se de coragem
> e enfrentar o conflito inicial,
> porque dele brota todo o restante.

É importante que quem tiver coragem não se apresse nesse ponto. E sei que pedir isso à Lua mais impaciente é difícil, mas temos de nos aprofundar, e não permanecer em uma camada superficial. É fundamental sair das camadas de raiva até encontrar o epicentro do vulcão, seja por meio de terapia, seja deduzindo-o por nós mesmos.

Ou, melhor ainda, vamos unir as duas coisas: Áries não é um signo que se deixe ensinar nem orientar; ele só aprende por meio da própria experiência. Lao Tsé disse: "Se me falares, ouvirei. Se me mostrares, olharei. Se me deixares experimentar, aprenderei". Lao Tsé não sabia, mas estava falando para uma Lua ariana.

Sejamos claros: se aprendermos a ler a raiva, veremos que ela tem uma função maravilhosa, que é desbloquear as situações. Ainda que seja apenas um mal-estar interno, a raiva tenta esclarecer a situação e nos mover para que possamos avançar.

Existem três fases que podem nos ajudar a administrar a raiva no dia a dia e, assim, fazer bom proveito dessa função.

☾ **Fase 1:** Identificar o conflito básico, encontrar o núcleo real do assunto. Com quem ou com o que estamos irritados de fato? É raiva o que sentimos, ou ela é apenas uma emoção que serve de ponte para algo mais doloroso a ser administrado?

☾ **Fase 2:** Dar vazão à raiva. Não podemos agir de cabeça quente, porque isso terminaria em tragédia, e todos sabemos disso. Primeiro, temos de manifestar a raiva. Se escolhermos fazê-lo verbalmente, nossa reação deverá ser visceral. Não vale bancar o compreensivo e dizer que tal pessoa não poderia ter feito outra coisa. Não estamos querendo ser legais nem diplomáticos, e, sim, vomitar tudo o que está engasgado, sem reprimir nem uma palavra sequer.

A raiva é uma emoção que precisa
exprimir-se de forma física.

Embora conversar com alguém ou escrever o que sentimos possa nos fazer bem, certo é que a raiva é uma emoção explosiva, que precisa sair de forma física. Quem tiver essa Lua deveria praticar esportes com assiduidade, e com isso não me refiro a fazer uma ioga suave nem a meditar em posição de lótus. A panela de pressão pode ser enorme, e as enxaquecas estarão mais do que garantidas. Refiro-me a correr, furar balões, atirar almofadas, pular corda ou realizar alguma atividade com altas doses de competitividade ou impacto. Bill Gates, por exemplo, tem essa Lua e joga golfe e tênis, ambos esportes que têm no golpe na bola uma forma de descarregar a energia.

☾ **Fase 3:** Agir. Depois que a poeira baixa e vemos as coisas com mais clareza, é o momento de passar para a ação. Antes, não. Muita gente pula essa etapa, e esse é um grande erro. A maioria das pessoas busca um diagnóstico, faz exercícios para manifestar a emoção e para por aí, porque já se sente melhor. E, como nada fazem para mudar em longo prazo, essa emoção volta a brotar quando menos esperam.

Com esses três passos, temos a certeza de que empreendemos ações para mudar a situação (que é o que a raiva procurava), mas não o fazemos de modo reativo, sobrecarregando as relações, e, sim, com ponderação e serenidade, para que as mudanças se mantenham no tempo e impliquem mudanças estruturais.

COMO SE CONECTAR COM A FORÇA INTERIOR

A essa altura, entendemos que, quando resolvemos nossos conflitos internos, os outros já não podem pôr o dedo em nossa ferida porque ela não existe mais. Desse modo, deixamos de viver na defensiva, pois já não há o que defender, e podemos fazer as pazes. Finalmente podemos nos tranquilizar e tomar a iniciativa, incluindo quem está diante de nós.

Marte é o planeta que rege essa Lua; para quem a tem sua flecha simboliza que o amor é sinônimo de ação. Essas pessoas precisam estabelecer metas e estar sempre lutando para conseguir algo. Assim, conectam-se com seu guerreiro interno, que é quem lhes transmite segurança, mas, dessa vez, com a nuance de não o fazer em forma de luta contra o mundo, e, sim, em favor dele. Isso muda tudo.

> A força nunca está do lado de fora;
> os melhores guerreiros são os que
> não precisam atacar para alcançar sua meta.

Os nascidos com essa Lua valorizam muito a sinceridade no relacionamento, mas também é certo que devem aprender a diferenciá-la do "sincericídio", entendido como falar em nome da verdade, mesmo sabendo que isso magoará o outro. A única coisa que conseguirão é colocar a pessoa em sua frente na defensiva, afastando qualquer opção de comunicação e, portanto, de relação.

> A explosão não é uma forma
> de comunicação.

No fim das contas, o crescimento pessoal é uma questão de saber contar até dez e processar as situações em vez de reagir de imediato, sobrecarregando as relações ou as oportunidades. Também é certo que, em razão da rapidez própria do signo, os aborrecimentos não costumam durar muito, e as pessoas não têm dificuldade para pedir perdão e reconhecer o erro. O que querem é avançar e olhar sempre para frente. Não perdem tempo em assuntos do passado nem usam o rancor como arma de arremesso. Não há duplicidades; amam a honestidade e a transparência.

> Em Áries, não existem segundas intenções;
> o único pecado é o excesso de velocidade,
> que, de vez em quando, conduz à falta de filtros
> e de sensibilidade.

Vejamos o exemplo de Tony Robbins. O guru número um do crescimento pessoal e orador motivacional tem essa Lua. Segundo seus relatos, teve uma infância muito difícil e, durante muitos anos, sentiu raiva da vida. Mas também explicou como justamente todos esses obstáculos o estimularam a se tornar um dos *coaches* mais importantes do mundo, assessor de clientes do porte de Bill Clinton e Serena Williams.

Poderia ter usado sua experiência como escudo e ser um homem agressivo, pois motivos não lhe faltaram, mas decidiu reunir toda essa raiva e transformá-la em força para criar muitos projetos e livros que ajudaram as pessoas a potencializar sua coragem. Isso é muito mais legal. Sobretudo porque a raiva dói mais em quem a sofre. Se você já ouviu alguma de suas palestras ou assistiu a algum de seus cursos, saberá que ele não se inibe em usar palavras duras: "Seu pai é um idiota; te amou tanto que agora você não encontra nenhum homem que te ame do mesmo modo", disse a uma aluna. A graça está no fato de ele não agir com despotismo, mas com cumplicidade.

Voltando à sinceridade, podemos dizer que ela é muito positiva para a convivência, pois facilita as coisas para o outro. Um parceiro que fale abertamente de seus problemas cotidianos não acumula muitas bolas de neve e, portanto, também não explode com grandes crises. Isso não significa que as pessoas com essa Lua não passem por altos e baixos, mas têm todas as condições de falar abertamente de seus sentimentos e resolvê-los com muita rapidez.

Não há nada mais frustrante do que tentar entender alguém que não sabe se expressar ou que não sabe o que quer, mas essas pessoas têm consciência disso e o dirão categoricamente. O desafio está em conseguir fazer o mesmo com os outros. Se tiverem sucesso, trarão claridade para onde havia confusão ou usarão a palavra adequada quando ninguém for capaz de encontrá-la.

> O bom da sinceridade é que ela permite
> falar abertamente dos problemas
> para que eles sejam resolvidos
> com mais rapidez.

A essa altura, já entendemos que parte do segredo está em compreender que esse é um signo individualista e que, no relacionamento, será necessário moldar certas peças.

Um dos eixos mais importantes do processo de cura é atribuir a nós mesmos a responsabilidade pelo que nos acontece; do contrário, podemos nos frustrar. Algumas pessoas culpam o próprio pai ou a própria mãe pelos problemas que sofrem quando adultos. Embora possam ter razão, se o peso do que lhe acontece recair sobre os outros, elas não poderão fazer nada, e isso lhes causará uma frustração muito grande, que as fará explodir (interna ou externamente).

Em compensação, quando assumimos a responsabilidade pelo que nos acontece, essa frustração se transforma em ação. Trata-se de entender que, na vida, podem nos acontecer milhares de coisas, mas está em nossas mãos livrarmo-nos delas com uma boa terapia e, assim, recuperar a direção e decidir nosso destino.

Agora já entendemos tudo. Essa impaciência, a hiperatividade e a necessidade de mandar fazem sentido: estavam apenas tentando se curar.

Quando alguém assume sua parte de responsabilidade, percebe que tem muito mais influência sobre o que lhe acontece do que pensava. A atitude vital depende absolutamente do indivíduo; se isso for verdade, temos tudo. Assim nasce um líder. Alguém que afasta a tristeza e a troca por ações. Alguém que, em vez de passar o dia reclamando, toma uma atitude para mudar as coisas.

O entusiasmo contagia quem está por perto. Todos queremos estar ao lado de alguém que nos motive, que nos conecte com nossa força interior e nos encoraje a resolver qualquer contratempo. Já não se trata de uma amiga mandona, e, sim, de uma pessoa positiva, que nos apoia e nos transmite confiança.

Um bom ariano nos encorajará a ir aonde quisermos, nos apoiará em nossos projetos, mesmo que não os compartilhe conosco, e nos transmitirá sua força para que não tenhamos medo de nada nem de ninguém. Desse modo, a ferida da raiva se transformará em ação para ele e quem estiver a seu lado; facilitar as coisas para as pessoas e situações impedirá que a ferida permaneça encapsulada. E isso, se os leitores me permitem, me parece bom *pra caramba*.

Medo:	Frustração
Apego:	Independência
Reação:	Raiva
Aprendizado:	Compartilhar
Potencial:	Força interna

CÓDIGO 2

Lua em Touro e o medo de não poder desfrutar

(Lua em Touro na casa 2,
ou em tensão com Vênus)

A felicidade é sentir que não deveríamos estar em outro lugar fazendo qualquer outra coisa com outra pessoa.

— FRIDA KAHLO

O CASO DO PRÍNCIPE HARRY

Suponho que você conheça o príncipe Harry, da Grã-Bretanha, filho mais novo do rei Charles e orgulhoso marido de Meghan Markle. E certamente você imagina que ele não teve uma infância fácil devido a seu cargo institucional, ao tenso matrimônio de seus pais e ao trágico final de sua mãe, Lady Di. Pois fiquei admirada quando ouvi em uma entrevista com Oprah que ele teve crise de ansiedade durante toda a adolescência e que só fez terapia depois dos 30 anos. *What!?* Além disso, admitiu que se aconselhou com a própria Meghan e que é muito grato a ela por isso.

As pessoas com a Lua em Touro gostam de desfrutar da vida, mas, às vezes, o apego ao prazer cede lugar à procrastinação emocional. Em outras palavras, esse ponto hedonista as leva à preguiça de deixar para amanhã o que poderiam fazer hoje. Sobretudo no terreno das emoções. Foi o que aconteceu com o príncipe Harry e com minha amiga Amaia, que passou nove anos reclamando de seu relacionamento sem dar um único passo para sair dele.

A preguiça emocional faz que os problemas fiquem fechados em si mesmos e entrem em espirais das quais é muito mais complicado sair.

As situações travam, pois resistimos a nos aprofundar nelas. Recebi consulentes presos ao mesmo problema durante muitos anos. Às vezes, iam para a terapia, não nego, mas, quando as coisas se complicavam e começavam a ganhar cores dramáticas, eles saíam correndo.

Certa vez, recebi uma moça que estava trabalhando no projeto de um curso de verão para adultos. Expliquei-lhe seu mapa natal, para que ela pudesse ver sua forma ideal de trabalhar e se concentrar em seus potenciais, mas, ao final de alguns meses, ela me escreveu pedindo uma nova sessão: tinha decidido deixar o projeto e tornar-se terapeuta. Perguntei-lhe por que havia mudado de rumo, e a única coisa que ela soube me dizer foi que tivera essa inspiração e sentia que deveria fazê-lo. Conversamos por um instante sobre o tema do curso, e ela comentou que a edição daquele verão não estava indo muito bem e que o número de alunos havia diminuído. Diante disso, perguntei-lhe por que razão ela havia decidido não seguir com sua profissão inicial, enfermagem, e ela me contou que, após uma época difícil, na qual encadeou longos plantões noturnos, certa noite de verão seu noivo lhe propôs a ideia do curso.

É um caso clássico. Enquanto mantinha a ilusão e estava contente com o que fazia, tudo ia bem. Mas, quando a coisa se complicou e ela teve de se conectar com a dificuldade, pensou em mudar o rumo de sua vida.

Tratando-se das relações, pode acontecer o mesmo. Há certa procrastinação emocional em trabalhar as profundezas do que um relacionamento comporta. No início, tudo é muito bonito. Encontros, olhares sedutores, a ilusão de ter um novo amante e, sobretudo, carícias e beijos por todos os lados. Touro rege os sentidos, e uma boa massagem ou óleo essencial fazem efeito no mesmo instante. No entanto, isso não é a relação, embora faça parte dela. Os vínculos têm uma face A e uma face B.

A face A é a bonita, tudo o que é fácil, o que compartilhamos com o outro, o sensual, mas não pode eclipsar a outra face porque, nesse caso, em troca desses momentos, perdoaremos o restante, e a situação se desequilibrará. A face B é tudo o que nos pertence, mas que não gostamos de ver e que a presença do outro inevitavelmente ativa: o ciúme, a possessividade, a insegurança, as próprias carências etc.

> As pessoas com a Lua em Touro
> se sentem facilmente atraídas por quem torna sua vida
> simples ou lhes dá estabilidade; assim, não precisam
> enfrentar o que tanto temem.

Na realidade, quem tiver essa Lua e estiver lendo estas páginas tem muito mérito. O habitual seria que essa pessoa se convencesse com quatro frases bonitas, tiradas da agenda da *influencer* da vez, de que não está tão mal. Não há nada de errado nisso, se isso a motivar a seguir adiante. A questão é que às vezes essas ideias idílicas são utilizadas como desculpas para não analisar o que está acontecendo. A preguiça emocional faz que os problemas continuem assim por vários anos e muitas pessoas vivam um relacionamento ruim, do qual não saem por resistência a assumir toda a mudança que as espera ou por rejeitarem a dor que terão de enfrentar.

Passar para a ação é o que mais custa a essa Lua. Por isso, temos de nos empenhar se não quisermos acabar viciados em doces, compras ou qualquer outra coisa que nos proporcione um prazer instantâneo, que anestesie esse incômodo interno.

Nesta seção, trataremos dessa Lua, desde sua reação mais imediata, a negligência, até seu maior potencial, a capacidade de desfrutar da vida, aconteça o que acontecer. Como esse atributo afeta os relacionamentos? Vamos a ele.

SEM PRESSA, MAS COM ALMA

Touro é um dos signos mais lentos que existem e, por conseguinte, as pessoas com essa Lua precisam de tempo para processar as emoções. As mudanças lhes custam caro, e romper de repente é complicado para elas. Por isso, proponho que, em vez de mudanças, falemos em "transições". Assim, aos poucos, vão se preparando para as curvas, sem sustos e com tempo para se adaptarem.

Edu, primo do meu marido, tem a Lua em Touro e um tempo atrás saiu com uma moça com a Lua em Áries, rápida e dinâmica. Um dia, ligou para nós, angustiado, porque ela o havia surpreendido com uma viagem para Paris, e o voo seria na manhã do dia seguinte. A moça estava muito emocionada com essa ideia megarromântica, mas ele havia ficado bloqueado ao receber esse "presente". "Que roupa vou colocar na mala, se metade está suja? E se for uma cidade cara e eu não tiver dinheiro suficiente, agora que estamos no fim do mês? O que devo levar na viagem?" A situação não foi além de algumas risadas, e eles se divertiram muito, mas, desde esse dia, lembramo-nos com carinho de que, para Edu, as coisas não podem ser ditas de um dia para o outro, pois ele fica angustiado.

Esse é apenas um exemplo divertido para explicar que quem nasceu com a Lua em Touro precisa de um ritmo de vida tranquilo, e sua mente não reage de maneira imediata, mas com comodidade. O touro (símbolo desse signo) não é um animal que se aproxima correndo, mas chega aos poucos, medindo sua força para quando ela for necessária. Essas pessoas têm fama de teimosas, porque mudar de ideia também implica esforço.

> Quem tem a Lua em Touro gosta
> de rotina, segurança e conforto, mas, se não
> quiser que isso o detenha, terá de
> habituar-se a agir sem pressa, mas também sem pausa.

Não é necessário acelerar os processos, mas tampouco se trata de eternizá-los. É recomendável que essas pessoas estejam sempre em contato com a natureza, sobretudo quando estiverem de baixo--astral e precisarem nutrir-se emocionalmente.

Um bom passeio em um bosque as ajudará a reduzir o ritmo, encontrar o tempo natural das coisas e inspirar-se para seguir em frente. As cidades nos cobram velocidade máxima: quem espera um segundo para arrancar quando o semáforo já está no verde ouve mais buzinas do que um árbitro em uma partida de futebol. E, desse modo, se sentirá angustiado. Não recomendo às pessoas com Lua em Touro que trabalhem em coisas que requeiram muita velocidade nem nas que tenham de apagar incêndios o tempo todo. Tampouco é recomendável que seu parceiro ou parceira lhes peça que corram, porque se sentirão muito confusas e poderão entrar em estado de defesa.

Já que estamos no campo de David Attenborough (o famoso autor de documentários sobre a Terra é de Touro e tem a Lua com Vênus, como não poderia deixar de ser), vale a pena fazer uma comparação com as estações: no inverno, ninguém espera que as árvores estejam verdes e floridas; respeitamos seu momento vital e entendemos que estão em um repouso necessário, para que, quando chegar sua vez, voltem a florescer.

A sociedade e nós mesmos nos cobramos estar sempre em uma primavera perpétua, impossível de sustentar.

Eis a razão para o esgotamento emocional pelo qual passam muitas pessoas. Obrigam-se a alcançar tudo e perdem a capacidade de desfrutar e manter-se criativas. Embora no inverno as árvores estejam nuas, na primavera seu crescimento é inevitável. Com a Lua em Touro, Eckhart Tolle* nos ensinou a importância de nos conscientizarmos do aqui e do agora como base da felicidade. Quem tem essa Lua precisa encontrar o ponto adequado entre acelerar e reduzir a velocidade para alcançar as metas perseguidas. E isso também em um relacionamento ou em um processo emocional.

Quando se conectam com seu ritmo, essas pessoas deixam espaço para a inspiração. De repente, tornam-se extremamente criativas,

---

* Pseudônimo de Ulrich Leonard Tolle, escritor alemão conhecido pelo livro *O Poder do Agora*. (N. da T.)

têm ideias e soluções para os problemas e, como por magia, recuperam a ilusão e a vontade de amar.

> Tenhamos a coragem de parar e descansar.
> Não vale a pena ouvir uma sociedade para a qual o esgotamento é sinal de *status* e sucesso.

Se suas leis, seus tempos e seus movimentos forem respeitados, a natureza é muito comunicativa. E os que têm a Lua em Touro também.

O TERCEIRO MEMBRO DA RELAÇÃO

Outro grande tema neste código é o dinheiro. Já notou que na porta de Wall Street há a estátua de um touro? Não fuja, não vou falar de macroeconomia, mas vale a pena saber que esse signo busca segurança, e o dinheiro a proporciona. O dinheiro é o solucionador de problemas por excelência, sobretudo porque permite evitá-los, que é o que deseja essa Lua.

> Se resolvermos as coisas a partir de cheques, criaremos a base perfeita para que o padrão se repita; não teremos aprendido nada.

Quem tem a Lua em Touro pode refletir sobre o papel do dinheiro em sua infância. Talvez tenha recebido mensagens como a de que poupar é importante, de que dinheiro traz felicidade ou de que as pessoas pobres não chegam a lugar nenhum. Ou talvez venha de uma família desunida por uma herança ou marcada pela ruína de um antepassado. Seja como for, na própria casa ou a seu redor, o dinheiro não é um tema menor. Valoriza-se sua existência e teme-se sua falta. O importante é descobrir qual o verdadeiro desejo por trás dele. Se o inconsciente acreditar que as pessoas são o que possuem ou o que ganham, o dinheiro acaba por se converter no terceiro membro da relação.

O dinheiro é neutro; quando o buscamos,
na realidade perseguimos o que ele representa
para nós.

Para alguns, o dinheiro é sinônimo de liberdade. Para outros, de estabilidade ou reputação. Quem busca *status*, por exemplo, busca a aceitação por parte dos outros. E isso não é dado pelo dinheiro, mas pela própria autoestima e pela boa seleção dos relacionamentos. Se tentarmos descobrir qual ferida está por trás de cada caso, poderemos dar-lhe o significado que decidirmos que tem em nossa vida e deixaremos de ser seus escravos.

Não podemos pensar que, se não tivermos uma situação financeira saudável, seremos menos merecedores de amor. Quem deseja uma pessoa por aquilo que ela tem não é capaz de proporcionar estabilidade por conta própria. Por isso, temos de estar atentos ao que mostramos como armas de sedução, pois as pessoas que atraímos se apaixonam por isso.

Talvez você esteja imaginando o príncipe Harry mostrando todos os seus castelos a Meghan para seduzi-la. E talvez quem tiver essa Lua pense que, como não dispõe de semelhante patrimônio, não tem esse problema. Deixe-me lhe dizer uma coisa. Todos temos algo que nos faz sentir importantes, mas as relações não podem se basear nisso, pois, nesse caso, não poderemos optar por renunciar a essa característica ou escolher o que queremos oferecer em cada momento. Desse modo, criam-se armadilhas emocionais, das quais é quase impossível escapar e que não nos permitem chegar aonde queremos. Apegamo-nos com facilidade ao prazer e ao dinheiro, dos quais logo passamos a depender – nos acostumamos rapidamente ao que é bom –, mas eles não podem definir ninguém, pois, se o fizerem, tornam-se ladrões de nossa personalidade. Quem é você, além de seu salário e de suas posses?

Frequentei uma escola particular na qual esse era o pão nosso de cada dia. Se você não fosse ao clube de polo aos sábados, seria o excluído da vez, pois não estaria na onda em que deveria estar. Ali, nenhum pai perdia o emprego porque, evidentemente, se isso acontecesse, tratavam de esconder o fato sob a máscara de uma opulência superior à habitual. Dessa época, guardo grandes amizades, como minha amiga Alejandra. Ela se casou com um rapaz que havia recebido uma herança polpuda de uma tia solteira. Estavam apaixonados e tiveram dois filhos, mas, após alguns anos, o casamento entrou em crise. Ela se deu conta de que, caso se separasse, não seria capaz de manter aquele padrão de vida para os filhos e para ela mesma. Além disso, seu marido poderia pagar um advogado melhor, e ela sairia perdendo. Quinze anos mais tarde, continuam juntos.

> Não julgue alguém por seu dinheiro, mas pelo que é capaz de fazer em troca dele.

As pessoas com dinheiro não são piores nem melhores. O dinheiro tem um significado diferente para cada um de nós e, quando toca em certas feridas da infância, é muito provável que condicione as relações. Assim como o amor, o dinheiro é cíclico, tem altos e baixos. Mas, sobretudo, é energético e capta o que sentimos por ele.

O segredo da cura está em entender que o dinheiro não corrompe ninguém nem transforma nada, simplesmente multiplica o que já existia. Quem é generoso o será com um euro e com cem mil. E onde houver carência interna, o dinheiro apenas gerará uma falsa segurança. Erich Fromm* dizia que, se não somos felizes com tudo o que temos, tampouco o seremos com tudo o que nos falta. Sábias palavras.

Suponho que você já saiba aonde quero chegar. As pessoas com essa Lua têm de curar sua relação com o aspecto material. Trata-se de ter uma boa poupança ou uma fonte de renda estável para não depender economicamente de outras pessoas e, assim, poder aproximar-se delas sem condições nem restrições, abrindo caminho para um amor puro e fluido.

É importante evitar angústias desnecessárias nesse terreno. Uma das coisas que preocuparam Edu, primo do meu marido, quando sua namorada o surpreendeu com um convite para ir a Paris, era ter saldo suficiente no fim do mês. Quem sofre por estar quase no vermelho não aproveitará o que estiver fazendo, seja uma escapada pontual, uma viagem de verão ou um financiamento de trinta anos.

UM AMOR COM TRÊS ESTRELAS MICHELIN

Para quem tem essa Lua, a comida é muito mais do que alimento. É amor, afeto e um afago ao paladar, que chega diretamente à alma.

---

* Erich Fromm (1900-1980), psicanalista, filósofo e sociólogo alemão. (N. da T.)

Cozinhar para essas pessoas com esmero pode surtir mais efeito do que qualquer frase romântica. Como se a felicidade fosse servida em toalha de linho e tudo o que é bom acontecesse ao redor de uma mesa.

Tendo chegado a essa altura, apresentarei a você a melhor amiga de Touro: a dopamina, um neurotransmissor que libera neuroquímicos quando sentimos gratificação ou prazer. Essa Lua é viciada nela, e ter picos recorrentes de dopamina lhe transmite tranquilidade e segurança. Consegue isso comendo um bolo ou buscando sexo rápido. Agora que sabemos do que essas pessoas necessitam na realidade, temos de aprender como obtê-lo de maneira controlada e construtiva. Trata-se de dar à pessoa ou ao(à) parceiro(a) pequenas recompensas cotidianas que mantenham elevados os níveis desse neurotransmissor. É melhor organizar um jantar romântico a dois, em uma sexta-feira, do que deixar que o desânimo do meio-dia ponha um *donut* na mesa de trabalho. Ou, de um ponto de vista ainda mais profundo, é melhor recompensar-se após uma boa sessão de terapia do que abandoná-la por falta de estímulo. Quanto mais equilibrarem as dificuldades envolvidas em todas as situações, mais constantes serão.

Já sabemos como orientar a mulher que queria organizar um curso e estava a ponto de desistir porque não tinha muitos clientes. Trata-se de buscar pequenas estratégias e, sobretudo, de gerar recompensas para não perder o "espírito" que a une ao projeto.

Passando para o relacionamento a dois, é fundamental não confundir tranquilidade com passividade, pois, nesse caso, em longo prazo, baixarão a guarda e se desconectarão. O ideal é buscar esses momentos individualmente ou a dois, para que se sintam à vontade e continuem a se dedicar com criatividade à relação.

Desse modo, a ferida da preguiça e da procrastinação resultará na capacidade de desfrutar da vida, criando uma dança harmoniosa entre os momentos de esforço e de descanso e aproveitando a companhia de quem nos ama.

Medo:	Intensidade
Apego:	Prazer
Reação:	Procrastinação
Aprendizado:	Conectar-se com a dor
Potencial:	Constância

CÓDIGO 3

Lua em Gêmeos e o medo de não entender

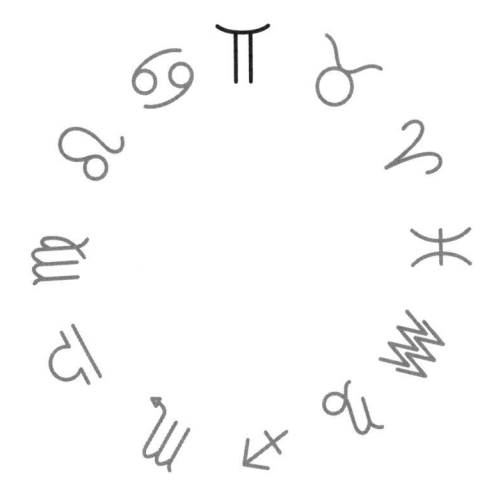

(Lua em Gêmeos na casa 3, ou em tensão com Mercúrio)

> Amar não é apenas querer, é sobretudo compreender.
>
> — FRANÇOISE SAGAN

O SEGREDO DE OBAMA

Um dos segredos do sucesso de Barack Obama foi dominar a arte da oratória como ninguém, afastando a demagogia para abrir espaço ao discurso compreensível e ao diálogo esclarecedor. O 44º presidente dos Estados Unidos da América tem a Lua em Gêmeos, signo da comunicação, da escrita e da didática. O que na época lhe serviu para ganhar as eleições é sua principal ferramenta no momento de administrar suas emoções e um dos principais pilares de seu relacionamento. Para ele e para todos que têm essa Lua, as emoções são estados mentais.

> Quem tem esta Lua
> precisa conceitualizar o que experimenta,
> entender o que sente e exprimir em palavras
> o que lhe acontece.

Viciadas em livros, cursos e conferências, a essas pessoas convém ter ao lado alguém que lhes devolva a bola dialética e as ajude a esclarecer o que ocorre em seu interior. Por isso, costumam ser boas conferencistas, professoras ou vendedoras, porque passam o dia conversando, seja consigo mesmas, seja com alguém.

Durante doze anos, Obama foi professor na Universidade de Chicago e colaborador da *Harvard Law Review* até chegar a chefe de redação e, por fim, a presidente da revista. Além disso, assinou um contrato com uma editora, que lhe pediu para escrever um livro sobre as relações raciais. Essa obra acabou se transformando em uma compilação de suas memórias pessoais. Escrever é uma das ferramentas terapêuticas mais úteis para esse signo.

> A Lua em Gêmeos é mental,
> precisa racionalizar para conectar-se
> com seus sentimentos.

Se as pessoas com a Lua em Gêmeos não entenderem conceitualmente o que lhes acontece, acabarão se bloqueando porque a emoção não encontrará o caminho e, por conseguinte, não poderão evoluir. Aqui, o parceiro ou a parceira desempenha um papel fundamental na hora de ajudá-las a manter conversas nas quais possam conectar-se com o que experimentam e esclarecer conceitos. Gostam da mente do outro, que seja inteligente, acompanhe seu discurso e até as ajude a elaborá-lo. Basta ver com quem está casado Barack Obama: com uma mulher formada em Princeton e Harvard, cujos discursos são tão poderosos quanto os dele.

Como você já deve ter deduzido, não convém a essas pessoas unir-se a alguém muito quieto ou que tenha dificuldade para exprimir seus sentimentos, pois não conseguirão sentir-se queridas. Apaixonam-se pelas mentes, pela boa conversa e pela companhia à mesa depois das refeições quase mais do que pelo corpo que as envolve.

Por isso, para elas, são especialmente difíceis os rompimentos sem muitas explicações ou o *ghosting*, quando o outro simplesmente desaparece sem razão. Se ele lhes explicar por que partiu, poderão entender e, se entenderem, poderão amar.

O principal problema é que, ao racionalizar as coisas, nós as rotulamos e, ao dar um nome a elas, afastamo-nos das emoções, o que impede sua verdadeira origem de aflorar. Eis por que as pessoas com essa Lua são tão volúveis e seu signo é simbolizado pelos gêmeos. Não é que tenham dupla personalidade ou algo parecido, mas podem pensar uma coisa e o contrário em questão de minutos.

Quando se apegam a algo apenas por um argumento lógico, basta que outra pessoa o questione com uma explicação coerente para ficarem completamente confusas.

> O aprendizado da Lua em Gêmeos consistirá
> em descer as emoções da cabeça para o corpo e deixar que
> aflorem sem rótulos (nem mesmo os astrológicos!).

Nesta seção, trataremos do melhor da Lua em Gêmeos: a capacidade de comunicação constante e a criação de conexões entre conceitos e pessoas. Além disso, abordaremos sua maior dificuldade, a tendência à dispersão e à criação de vínculos superficiais. Esferográfica na mão, caderneta a postos, vamos lá.

A MENTE COMO MECANISMO DE DEFESA

Nossa cabeça pode ser uma grande aliada quando queremos nos compreender e entender o mundo em que vivemos, mas também pode ser usada como refúgio para não nos conectarmos com as emoções que sentimos. As pessoas mentais não são mais frias nem calculistas, ao contrário. Justamente ao fugirem de sua sensibilidade, buscam a mente, acreditando que assim se separam das emoções com as quais não querem entrar em contato. No fim das contas, a cabeça é a parte mais afastada de nossas entranhas, e é fácil nos perdermos em milhares de conceitos e teorias sem de fato processarmos nada.

A mente pode ser o melhor labirinto
para quem não quer sair.

Às vezes, as pessoas muito falantes são especialistas em rodear os assuntos e não se aprofundar no que relatam. Quando conheci meu marido e ele me contou sua história, fiquei surpresa por alguém tão inteligente como ele ter suportado situações tão difíceis durante tantos anos. Ele me explicou que, para não ter de enfrentar uma situação familiar difícil e um relacionamento complicado, refugiou-se nos livros e nos milhares de cursos e especializações em que se inscrevera. Enquanto exercitava sua intelectualidade, sentia-se forte e não se conectava com a fraqueza que o impedia de sair daquele ambiente tão tóxico. Desse modo, acabava caindo em um poço cada vez mais profundo. Até que a mente perdeu seu abrigo, e ele sofreu uma crise de ansiedade que paralisou todo o seu corpo.

Quando adoeceu, usou a mesma ferramenta lunar para sair daquela condição. Tudo o que havia estudado lhe serviu para se dar conta do que estava acontecendo, mudar sua situação e até se tornar especialista no tema. Atualmente, dedica-se a ensiná-la a seus alunos e é uma verdadeira referência no setor.

> Não se trata de parar de estudar
> nem de deixar de usar a mente, e, sim,
> de conseguir que o mecanismo
> que domina a Lua não jogue
> contra, mas a favor.

O exemplo do meu marido é um clássico nas pessoas que, como ele, têm a Lua em Gêmeos. Com isso, não quero dizer que todo mundo que lê muito ou estuda busca esconder-se atrás dos livros nem que a felicidade está na ignorância. Nada disso! O que estou tentando dizer é que, quando queremos entender a teoria das coisas, às vezes nos afastamos da simplicidade que está bem à nossa frente. Creio que todos já passamos pela situação de fazer várias coisas ao mesmo tempo para não ter de enfrentar o que nos assusta. Eu mesma passo duas horas passeando pela internet quando empaco na escrita deste livro. Com um projeto como este, isso pode não ter muita importância, mas quando falamos de sentimentos, temos de proceder com cuidado e não fazer dois cursos paralelamente ou quatro terapias ao mesmo tempo com a intenção de não ter de encarar o que realmente está acontecendo.

> A dispersão é um mecanismo de defesa
> para não enfrentarmos o conflito interno.

Se ligarmos isso ao tema dos relacionamentos, poderemos ver que, assim como falar não implica expressar sentimentos, ter muitas relações não nos garante que elas sejam profundas e dedicadas. Ser simpático, sociável e iniciar uma conversa com certa facilidade não é sinônimo de que a pessoa tem habilidade para estabelecer vínculos.

Às vezes, pode até acontecer o contrário. Podemos ter muitos planos para todos os fins de semana, mas nenhuma dessas relações nos preenche de verdade, e estamos apenas tentando esconder a solidão. Segundo dizem, quem muito abarca pouco aperta.

Antes de iniciar um novo relacionamento ou ler um novo livro, é necessário ter clareza sobre quais respostas estamos buscando. Será fundamental aprender a fazer a nós mesmos as perguntas corretas para nos assegurarmos de que avançamos com foco e de que não estamos simplesmente acumulando conceitos. Mas explicarei isso mais adiante em detalhes. Por enquanto, devemos nos concentrar em como usar o dom da palavra a nosso favor e em nossos vínculos.

O PODER DA PALAVRA

Tendo entendido que pensar demais não é sinônimo de entender, muito menos de processar, é chegado o momento de conhecer as regras do jogo de nossa mente. Já vimos que a comunicação é a ferramenta-chave nesse caso, de modo que, quanto mais aprendermos a dominá-la, melhor poderemos conduzir nossas emoções até onde nos convier.

Para começar, temos de dominar muito bem as palavras que dizemos a nós mesmos e investigar por que escolhemos umas e não outras. Por exemplo, contar que alguém "nos deixou" não é igual a dizer que "a relação terminou". A primeira frase tem uma conotação de humilhação, que acaba com nossa autoestima em um piscar de olhos. A segunda é descritiva e mais construtiva. A primeira nos vitimiza, e dela tiramos um benefício inconsciente: livrar-nos de nossa parte de responsabilidade. A segunda iguala os dois membros do relacionamento e nos faz analisar o que aconteceu para podermos entender nossa participação no ocorrido e, assim, mudar.

Pode parecer uma bobagem, mas garanto que não é. Aprender a entender a vida é a chave para ter um relacionamento saudável com nossos pensamentos e, portanto, com nosso entorno. Essa é a primeira relação que temos e a mais importante, na qual se inspiram todas as demais. Devemos conversar com nossa mente como faríamos com nossos melhores amigos ou com a pessoa que mais amamos. E não se trata de nos adularmos em nossos dramas nem de justificar nossas condutas, e, sim, de analisar a situação com palavras construtivas, que nos ajudem a entendê-la corretamente e ver para onde ir.

Quem aprender a deixar sua mente concentrada dominará suas emoções.

Há outro aspecto importante a levar em conta: nossas fontes de informação. De nada adianta depurar nossos pensamentos e depois passar três horas conversando com o vizinho tóxico que, em dois minutos, acaba com todo o trabalho que fizemos. Há pessoas cujos discursos são muito destrutivos, e o melhor é manter-se o mais longe possível delas. Atualmente, há centenas de palestras muito poderosas na internet e milhares de *podcasts* de qualidade que podem nos ajudar a treinar a mente a pensar como queremos. Como diz o divulgador Sergio Fernández, trata-se de sitiá-la, de bloquear a entrada de tudo o que for inconveniente. Agiremos como os exércitos quando pretendem conquistar uma cidade e a cercam por todos os lados durante o tempo necessário, até ela se render. Faremos o mesmo com os pensamentos, deixando que entrem apenas os que nos interessam, até conseguir que nossa mente pense como queremos. Depois de bem treinada, ela estará tão forte que poderemos abrir as portas, pois nada nos afetará.

Nesse processo, é necessário selecionar as pessoas que nos cercam, uma vez que acabamos repetindo internamente o que ouvimos de suas bocas. Isso também vale para o parceiro ou a parceira. Dizem que somos a média das cinco pessoas com as quais mais nos relacionamos. Eu acrescentaria que nossos pensamentos são a média das cinco fontes de informação das quais bebemos. Convém ser ultrasseletivos com a qualidade dessas fontes e evitar a dispersão. E, como mais de um deve estar reclamando o que foi prometido, vou explicar como deixar a mente concentrada, tendo a velocidade mental a seu favor.

COMO FOCAR NO ETERNO APRENDIZ

A cabeça de quem tem a Lua em Gêmeos nunca para porque as emoções tampouco o fazem. Ansiosas por aprender e curiosas por definição, essas pessoas precisam se concentrar se não quiserem acumular informação desnecessária e incorporar conceitos superficiais ao acaso, que não impliquem nenhuma melhora substancial. E, por fim, muito barulho por nada.

Para aprender de verdade, é necessário aprofundar-se e, para tanto, não basta jogar nem bisbilhotar. Mas, obviamente, se nos dedicarmos à matéria, ela ganha intensidade, e isso pode assustar quem não estiver preparado, sobretudo se o tema em questão forem as emoções.

> Se nos colocarmos na superficialidade,
> poderemos ter muitos relacionamentos, mas
> dificilmente sobreviveremos ao que
> um parceiro ou uma parceira nos mostrar.

Antes de ir a outro encontro ou marcar uma terapia nova, é primordial parar e perguntar o que estamos buscando. Isso marcará a ferramenta ou a pessoa, não o contrário.

Se cairmos em um *multitasking*, vamos nos sentir esgotados porque nossa cabeça não está preparada para fazer quarenta coisas ao mesmo tempo. Temos de diminuir a intensidade dessas coisas para poder alcançar todas. Eis o que, no fundo, estamos buscando: não ouvir, não sentir, não nos entregar.

> O acúmulo de conceitos desordenados apenas
> tenta evitar a intensidade que somos
> incapazes de sustentar.

Vi muita gente pedir uma interpretação de seu mapa natal sem saber por que a queria. Essas consultas costumam ser muito pouco produtivas, pois, embora satisfaçam a curiosidade de quem as pede, no final, a pessoa não sabe o que fazer com toda a informação que recebeu, vê-se diante de várias perguntas e acaba marcando outra sessão ou lendo outro livro, em um ciclo infinito.

Antes de começar qualquer coisa, é importante saber que respostas estamos buscando. E, para tanto, não marcaremos outra sessão com o terapeuta de plantão. Cuidado ao buscar fora o que só pode vir de dentro! Esse é o momento em que devemos utilizar o corpo, escrever ou empregar qualquer uma das ferramentas sobre as quais temos falado para ouvir o que a alma está perguntando de fato.

Quando obtivermos essa resposta, poderemos decidir qual pessoa ou ferramenta é a mais adequada para nos ajudar. Além disso, provavelmente o melhor para essa Lua tão inquieta e versátil será usar quatro técnicas ao mesmo tempo, mas, à diferença do que descrevi antes, dessa vez essas técnicas estarão concentradas e trabalharão juntas, com uma finalidade em comum.

Nos relacionamentos acontece o mesmo, não se trata de querer passar um bom momento ou conhecer alguém que nos faça rir. Isso servirá apenas para perder tempo e ir de encontro em encontro sem consolidar nada. O importante é saber o que buscamos em uma pessoa, como queremos que seja sua forma de pensar e, assim, definir onde vamos buscá-la e como construiremos a relação.

Então, sim, poderemos escolher quem bem quisermos para nos acompanhar e com quem aprender. Usei esse verbo várias vezes nesta seção, e não foi por acaso. O signo de Gêmeos rege o aprendizado; por isso, quem tem essa Lua aproveita para incorporar conceitos novos e, assim, criar uma rede mais ampla de conhecimentos, que o ajudará a encontrar segurança.

Um bom estado de espírito vem acompanhado
de uma capacidade maior de aprender.

Está comprovado que aprendizado e felicidade andam juntos. As crianças pequenas sempre se emocionam com qualquer coisa porque seu cérebro precisa incorporar muito em pouco tempo e, desse modo, garante a boa implantação do novo conceito. Quando estudamos para uma prova, depois de dois dias já não nos lembramos de nada, mas, quando aprendemos algo que nos entusiasma, podemos nos lembrar desse conteúdo a vida toda, não é verdade? É por isso. Invertendo os termos, veremos que quem tem essa Lua será mais feliz quanto mais aprender. Nesse sentido, o papel de seu parceiro ou sua parceira é fundamental para sua felicidade e para que sempre aprendam juntos, um com o outro.

Tudo isso explica por que Gêmeos é o signo do humor e o usa para relativizar o que lhe acontece. Mas aqui me disponho a mexer em um vespeiro grande demais para ser resolvido em duas frases. Melhor iniciar uma nova seção e explicar direito a questão.

A PIADA E SUA RELAÇÃO COM O INCONSCIENTE

O humor é um recurso emocional fantástico, que também agrada muito a quem tem essa Lua, e a essa altura já sabemos por quê. Por isso, em geral quem é de Gêmeos não gosta muito de pessoas extremamente sérias ou que se ofendem por bobagem. Buscam cúmplices em sua diversão, gente que se anima a zombar um pouco dos acontecimentos, sejam eles quais forem. O próprio Obama usava a ironia em seus comícios, ria de si mesmo nas entrevistas e chegou a fazer discursos que pareciam monólogos cômicos.

Fazer piada das coisas é um excelente recurso que pode nos ajudar a relativizar e a tomar distância de certas situações para podermos resolvê-las melhor. Não é preciso ir muito longe: Jim Carrey e Rowan Adkinson (Mr. Bean) têm essa Lua. No entanto, se usada em excesso, a piada pode acabar sendo uma faca de dois gumes quando não queremos enfrentar a realidade.

Também com essa Lua, Sigmund Freud, pai da psicanálise, escreveu sobre a piada e sua relação com o inconsciente. Para ele, a brincadeira tem uma carga passivo-agressiva, na qual costuma aparecer uma vítima que representa todas as pessoas nas quais queremos liberar nossa agressividade.

> A ironia, o duplo sentido ou a zombaria nos ajudam a averiguar aquilo a que estamos presos.

O humor tem duas funções básicas. A primeira é livrar-nos da culpa. É divertido usar a *hashtag* #tudoerrado quando passamos duas semanas sem usar a máquina de lavar roupa, pois assim nos sentimos melhor. A segunda função é nos unirmos a outras pessoas que estejam na mesma situação: serão os cúmplices que rirão de nossas brincadeiras. Se sentirmos que o que acontece conosco é o mesmo que acontece com os outros, o peso é dividido e parece menor. Mas, como diz o provérbio: mal de muitos, consolo de tolos.

Aqui, temos de distinguir entre fazer uma brincadeira para atenuar o drama e, assim, poder agir com mais clareza, e minimizar a importância do problema a ponto de nada fazermos para resolvê-lo.

Quando o assunto é amor, podemos afirmar que, embora para as pessoas de Gêmeos seja imprescindível divertir-se e fazer brincadeiras no relacionamento, ninguém quer ser motivo de piada para o outro. Com isso, quero dizer que nosso parceiro ou nossa parceira tem de ser alguém que nos dê apoio ou com quem possamos compartilhar intimidade, sem que seja motivo de chacota. A privacidade é algo relevante; por isso, para muitos, é difícil mantê-la. No entanto, ela é uma das bases do amor. Se quisermos uma relação importante, e não algo superficial, teremos de aprender a conviver com ela. O comediante norte-americano Groucho Marx, que também tinha essa Lua, disse certa vez: "Não rir de nada é tolice, rir de tudo é estupidez". Portanto, o segredo está no equilíbrio. Temos de poder relativizar e zombar do que quisermos, mas também entender que o parceiro ou a parceira não é simplesmente um irmão com quem se pode fazer chacota, e, sim, um apoio com o qual contar.

Para ter relações saudáveis, é necessário enfrentar conversas incômodas.

O APRENDIZADO QUE NÃO ESTÁ EM NENHUM LIVRO

Até o momento, vimos que a zona de conforto dessa Lua é conhecer, tocar e saber. No entanto, há aprendizados que não estão nas folhas de nenhum manuscrito nem na consulta a nenhum terapeuta. É preciso experimentar para aprender. Existem basicamente três aprendizados importantes nesse caso: de si mesmo, do outro e com o outro.

Para aprender a respeito de si mesmo, é imprescindível ultrapassar quatro conceitos teóricos ou ignorar o que diz a corrente da moda. Refiro-me ao fato de que, em vez de nos definirmos de acordo com um signo, um eneatipo* ou o que aparece em determinado livro, temos de ser capazes de nos enxergar e criar conceitos,

---

* Tipo de personalidade do eneagrama, que, por sua vez, é um sistema que reúne os principais tipos de personalidade humana. (N. da T.)

mesclar os existentes e experimentar. As definições preestabelecidas nos classificam, nos limitam e nos deixam sem opções, de modo que não sabemos o que na realidade queremos para além do que diz o teste da vez. Quando nos observamos e vamos definindo a nós mesmos, não apenas nos comprazemos dia a dia ao ver com curiosidade a pessoa na qual estamos nos transformando, mas também que a pessoa com a qual queremos estar praticamente se define por si só.

Um segundo aprendizado virá justamente de quem estiver ao nosso lado. Por isso, é preciso evitar passar o dia agarrados, não tanto pelo excesso de contato físico, que pode ser sufocante, mas porque corremos o risco de não ter o que contar, e isso acaba rompendo a atração. Vale lembrar que o diálogo é o elemento mais erotizante de todos, e quanto mais soubermos um do outro, mais amor existirá. Vejamos os Obama: ambos vêm de áreas profissionais semelhantes, gostam de política e do poder de mudar a sociedade e vão juntos a todos os lugares, compartilhando opiniões em diálogo constante.

> Um dos maiores medos da Lua
> em Gêmeos é estagnar.

Aqui tocamos em um tema importante. Se a observação do outro (ou de si mesmo) for feita de forma superficial, poderemos nos cansar, assim como mudamos de livro na terceira página ou abandonamos uma terapia na segunda sessão. A inconstância é um dos calcanhares de Aquiles dessa Lua e pode aparecer também nas relações. Desse modo, é necessário observar o outro com profundidade, aprender a vê-lo a partir de muitas perspectivas distintas. É como uma brincadeira exploratória, da qual podemos desfrutar eternamente. Fugir da monotonia não significa mudar de parceiro ou parceira a cada três anos, que também é uma opção para quem quiser. O segredo está em poder ver todas as nuances dessa pessoa e acompanhá-la em seu próprio processo de evolução. Por fim, ambos terão de ser parceiros no jogo da vida. E se a única coisa importante fosse aprender com cada coisa que nos acontece ou com cada situação vivida? Isso muda a visão de tudo.

O parceiro ou a parceira será o(a) grande cúmplice na matéria que ensina a viver.

Uma das coisas que mais unirá o casal será a motivação para experimentar situações de mudança, fugir do previsível e buscar momentos que estimulem ambos a incorporar conhecimentos novos. Assim, conseguimos romper a ferida da dispersão e pôr em foco o que nos interessa, desfrutando do aprendizado do dia a dia. Se isso for feito em companhia, melhor ainda.

Medo:	Ignorância
Apego:	Conceitualizar
Reação:	Dispersão
Aprendizado:	Focalizar
Potencial:	Conectar

CÓDIGO 4

Lua em Câncer e o medo de crescer

(Lua em Câncer, ou na casa 4)

> Um pássaro está a salvo em seu ninho, mas não é para isso que foram feitas suas asas.
>
> — AMIT RAY

A ESTRATÉGIA DE PENÉLOPE CRUZ

Talvez o mais difícil que possa ocorrer a alguém com essa Lua seja sentir-se longe de casa, e a Penélope Cruz coube triunfar a sete mil quilômetros de distância. A atriz mais internacional da Espanha foi para Hollywood com apenas 26 anos e, embora para muitos essa possa ser a experiência mais apaixonante da vida, em suas primeiras entrevistas, ela contou que isso lhe custou mais do que imaginava.

Há pouco tempo, vi uma entrevista sua com o jornalista Jordi Évole, na qual ela relatou que, se conseguiu partir, foi porque sempre o fez com uma passagem de volta. Partia por três meses, um semestre, quatro semanas, não importava o quanto durassem as filmagens, mas nunca ia com a ideia de instalar-se definitivamente. Muito inteligente!

Anos mais tarde e após vários romances reais ou publicitários com atores hollywoodianos, casou-se com o ator espanhol Javier Bardem, com quem havia trabalhado em um de seus primeiros filmes, quando era adolescente. Além disso, participara de filmes com a mãe e o irmão dele. Ora, não devem ter sido necessárias muitas apresentações oficiais para que ela fosse recebida de braços abertos na casa dos Bardem. Era uma filha a mais naquela família, tal como ela mesma contou quando faleceu a matriarca.

Penélope tem a Lua em Câncer e na casa 4. Não apenas ela, mas também Laetitia Casta, Shakira e Miranda Kerr têm o rosto redondo como a Lua.

Para essas pessoas, o lar, o calor, a família e o conhecido são muito importantes; por isso, adaptar-se a mudanças de moradia ou a saídas da zona de conforto pode custar mais do que para os outros. O caranguejo que as representa caminha para trás, assinalando que só avançam quando se sentem seguras; do contrário, param e se fecham em sua carapaça. Um pouco para frente, um pouco para trás, como Penélope quando foi embora.

Nesta seção, discorreremos sobre a ferida de quem tem essa Lua. Trata-se de alguém que não quer crescer e resiste a sair do ninho. Também abordaremos seu potencial máximo, que é o de cuidar de si e dos outros como ninguém o faria.

A SÍNDROME DE PETER PAN

A Lua no signo de Câncer ou na casa 4 marca a importância da parte mais infantil de quem nasceu com ela. A criança interior ganha força, e os medos mais arraigados afloram. Isso pode acontecer por ter ocorrido algo na infância dessas pessoas que as deixou presas a esse momento ou simplesmente por apego a essa etapa da vida, na qual não tinham responsabilidades e tudo era brincadeira. É como se resistissem a deixar aquele momento no qual não tinham de se preocupar com nada porque os outros se encarregavam de tudo.

> Pode ser que as pessoas com a Lua em Câncer resistam a crescer e busquem amparo no primeiro parceiro que encontrarem.

Não há nada de mal em nos conectarmos com nossas necessidades ou com nossa criança interior, muito pelo contrário. No entanto, uma coisa é levar isso em conta, e outra é estabelecer-se nessa fase da vida. Se o fizermos, viveremos em tensão, uma vez que o mundo não é feito para ser resolvido com as ferramentas de uma criança, e o medo aparecerá como emoção de base.

Vou dar alguns exemplos da realeza a fim de que os leitores possam identificar essa situação em maior ou menor medida. Se nos concentrarmos no olhar do príncipe William, da Grã-Bretanha, observaremos que não é misterioso nem desafiador, tampouco altivo. Não transmite muita força, embora ele tenha a voz muito grave e costas largas. Seu olhar transmite inocência e timidez. Como se aquele menino que perdeu a mãe diante do olhar de todos nos pedisse um abraço de consolo por tudo o que teve de suportar, quando nem sequer estava preparado para isso. Ou Charlotte Casiraghi, filha da princesa de Mônaco, com a mesma Lua. É uma moça muito bonita, que já foi capa de várias revistas, mas quase nunca suporta o olhar da câmera quando a entrevistam, como se implorasse ao jornalista para não ser muito duro com ela ao fazer suas perguntas.

Não surpreende o fato de os nascidos com essa Lua buscarem, entre outras coisas, serenidade e a maturidade em seus relacionamentos. Charlotte tem dois filhos, o primeiro do comediante Gad Elmaleh, quinze anos mais velho do que ela, e o segundo do produtor de cinema Dimitri Rassam, cinco anos mais velho. Já William está há anos casado com Kate Middleton, cujo signo é Capricórnio, símbolo de responsabilidade, disciplina e constância.

De certa forma, é como se ambos dissessem a seus parceiros que foram capazes de vê-los para além de seus cargos institucionais, que viram a pessoa humana e vulnerável por trás da Coroa e os protegeram com carinho e ternura como se fossem um filho ou parente.

Isso pode parecer bonito no curto prazo, mas, se houver exagero, quem recebe esse afeto acabará por delegar aos outros sua própria segurança e confiança na vida, embutirá seus medos e criará relações de dependência ao temer que o outro vá embora e o deixe sozinho.

> Quem se instala no medo como zona de conforto acaba por inventar perigos para justificar esse medo e conseguir que o protejam.

É muito importante que essa Lua amadureça. Somente desse modo ela poderá crescer sem perder a ternura e responsabilizar-se por sua vida com autonomia. Que ninguém se assuste: na próxima seção, explicarei como fazê-lo.

NINGUÉM ENSINA VOCÊ A CRESCER

Haverá quem tenha essa Lua e se identifique com o papel contrário, o do cuidador. Na realidade, dá no mesmo, pois quer sejamos cuidados, quer sejamos cuidadores, em ambos os casos estabelecemos como elemento de vínculo com o outro o fato de cuidar e proteger.

Todos gostamos de mimar nosso parceiro ou nossa parceira, mas essa não pode ser a base da relação, uma vez que infantiliza um dos membros e cria uma hierarquia na qual um assume o papel ativo (o cuidador) e o outro, o passivo (o cuidado).

Quando minha avó envelheceu, passou a tomar muitos remédios. Minha tia, enfermeira formada, comprou para ela um porta-comprimidos com compartimentos para cada dia da semana, nos quais ela dispunha seus medicamentos na ordem certa. Chegou um momento em que minha avó já não sabia o que tinha de tomar, a menos que minha tia o deixasse preparado. Sem querer, a filha tornou a mãe inútil ao criar um vínculo de dependência indestrutível. "Sem você, não sei o que faria", dizia minha avó à minha tia.

Alguns meses depois, minha avó decidiu ir viver com minha tia, que envelheceu de repente. "Cuidar de uma pessoa mais velha é exaustivo", lamentava-se. O que ela não via é que grande parte da dinâmica havia sido criada por ela mesma.

> As relações são um terreno adulto
> no qual as duas pessoas estão na mesma
> posição hierárquica e se apoiam em igual medida.

Quando não há igualdade, ambos os membros da relação costumam desgastar-se no longo prazo. Os que desempenham o papel de cuidadores acabam se esgotando, pois não lhes sobra energia para cuidarem de si mesmos. Em minhas consultas, vi que muitas pessoas com essa Lua apresentavam dificuldades para ter filhos ou rejeição a tê-los. Isso acontece porque, na realidade, já tinham alcançado e até ultrapassado seu limite; afinal, eram responsáveis por muitas pessoas a seu redor.

Se os relacionamentos são para adultos,
a maternidade também é.

Quem desempenha o papel da pessoa cuidada pode gerar uma dependência muito forte de seu cuidador, uma vez que, sendo protegido por ele, não desenvolve suas próprias estratégias de sobrevivência e, sem se dar conta, gera uma dependência muito grande.

O que aconteceria se a mãe sempre acudisse o filho quando ele tivesse um problema? Quando ele crescesse, não saberia fazer nada sem ela. A mãe ficaria esgotada, e o filho viveria assustado até encontrar outra mãe – a professora, por exemplo – que cumprisse a mesma função. Muitas pessoas iniciam um relacionamento apenas para sair da casa dos pais. Como enfrentar o mundo adulto com menos ou pouco mais de vinte anos é assustador, preferem fazê-lo acompanhadas. Com frequência, a única função do parceiro é tirar-nos de casa para que enfrentemos o mundo. Convém detectar o momento em que já nos sentimos fortes como indivíduos para largar esse paraquedas e começar a comandar a própria vida.

Para tanto, é importante fazer um bom trabalho com a mãe real, a fim de não reproduzir os cuidados dela com toda pessoa que se venha a conhecer. Desse modo, será possível encontrar um caminho próprio e autônomo para ser autossuficiente.

A única forma de aprender a amadurecer é caminhar, sair do ninho e enfrentar o que encontrar pela frente. Não existe outra. A coragem é individual. O medo é algo que acontece em nossa cabeça, e a maneira de vencê-lo é passar do imaginário ao real. Aprende-se a ser forte com a prática, assumindo responsabilidades, trabalhando para alcançar as próprias metas, administrando as emoções sem sair correndo, e sendo coerentes com as próprias ações. Quanto mais o fizermos, mais confiança adquiriremos e mais fácil será nos sentirmos confortáveis. Queremos transformar o terreno desconhecido em zona de conforto.

> Crescer implica compreender o risco como algo inerente à vida.

Antes de continuar, eu gostaria de ressaltar uma pequena nuance etimológica. A palavra "amor" vem do latim e está relacionada a uma raiz indo-europeia, *amma*, vocábulo infantil para chamar a mãe. No entanto, todos estudamos o que os gregos denominaram os três tipos de amor – Eros, Ágape e Filia –, e sabemos muito bem que o amor materno deserotiza as relações. Não digo mais nada.

APRENDER A CUIDAR BEM

Se alguém fez um trabalho profundo em relação à própria mãe, é possível que tenha um laço mais forte com ela do que imagina e, para tentar curá-lo, faça o papel de mãe com os outros, por exemplo, sentindo muita empatia por quem necessita de cuidado e oferecendo ajuda sempre que essa pessoa precisar. Se alguém cria laços por meio do cuidado, busca o que tem de cuidar no outro e, por conseguinte, concentra-se em sua fraqueza. Se essa fraqueza não existir, ele a inventará. Assim, justificará seu papel e, portanto, manterá a relação. Mas o que acontece quando o outro não precisa desse cuidado?

> Quem insiste muito em oferecer ajuda, na verdade, está gritando por ela.

O primeiro passo para cortar as dependências emocionais é concentrar-se nos pontos fortes em vez de priorizar as fragilidades. Se nos concentrarmos no que o outro não é capaz de fazer, aparecerá o instinto protetor, e ativaremos o mecanismo. Convém evitar palavras como "coitadinho" ou frases como "ele não consegue", "não sabe" ou "não é culpa dele" e trocá-las pela certeza de que ele conseguirá, criará suas próprias habilidades, aprenderá e se sairá bem da situação. Ele o fará à sua maneira, não à nossa, eis o grande desafio.

Confiança é compartilhar a vulnerabilidade do outro sem ter de fazer nada com ela.

O trabalho consigo mesmo funciona de igual modo. Em vez de nos compadecermos de nós pelo que nos aconteceu ou por nossas dificuldades, concentramo-nos no que sabemos e seguimos por esse caminho. O restante se fortalecerá por conta própria ou perderá importância, não precisamos ter medo. Marie Forleo, guru americana das mulheres empreendedoras, sempre diz: "Faça o que tiver de fazer, mesmo que não esteja preparada". Sábias palavras.

Se me permitir, vou me aprofundar um pouco mais em uma questão um tanto incômoda. Quando observamos a fraqueza de uma pessoa e nos apressamos em compensá-la, estamos exercendo um ato de soberba. Pensamos saber mais de sua vida e de sua situação do que ela própria. No entanto, damo-nos conta de que não estamos em seu corpo, não vivemos sua infância, não temos seu mapa natal nem sabemos como ela sente as emoções. Quando permitimos que essa pessoa faça o que achar melhor de acordo com seu ritmo, sua forma e com suas ferramentas, transformamos a soberba em confiança para com ela, e a confiança é um dos ingredientes básicos do bom amor. Nesse instante, tudo começa a mudar.

Recapitulando: enquanto continuarmos a ver o príncipe William como o menino coitadinho que perdeu a mãe e teve de crescer à força entre as garras da corte de Elizabeth II, não poderemos evitar o impulso de querer cuidar dele e protegê-lo de tudo o que lhe acontecer. Assim, conseguiremos apenas torná-lo incapaz de manifestar suas emoções e administrar seus dramas por conta própria. Porém, a vida é uma prova que realizamos sozinhos. Quando começarmos a enxergar o homem inteligente e maduro, formado para conduzir um país inteiro, poderemos começar a vê-lo por completo e estabelecer uma relação entre iguais. Esse é o momento em que podemos sair da relação sem culpa ou definir qual relação queremos com o outro a partir da liberdade, e não do desespero.

> Quando observamos as forças do outro,
> podemos nos relacionar a partir da vontade,
> e não da necessidade. Isso muda tudo.

SOFÁ, FILME, MANTA... E SOGRA

Como vimos, o segredo para a cura dessa Lua é transcender a mãe. Não estou falando em romper o vínculo com ela nem de deixar de ter atenção pelos demais. Nada disso! Quem nasceu com essa Lua tem a função de cuidar de quem está ao seu redor e sentir prazer em fazê-lo. Essa é sua missão, e a realiza como ninguém.

Trata-se, antes, de aprender a administrar essa posição para que ela não pese nem crie relações hierárquicas como as que acabei de mencionar. Isso significa que não devemos pressupor que sabemos o que acontece aos outros nem nos adiantar em satisfazer suas necessidades. As mães podem ser muito invasivas quando, em vez de perguntar do que precisamos ou o que está acontecendo conosco, simplesmente adiantam posições ou acham que nos conhecem melhor que nós mesmos e tomam decisões de maneira unilateral. Isso não é respeitoso. Assim como também não o é projetar-se, acreditar que o que seria bom para elas em situação idêntica vai nos ajudar.

Cuidar significa ter um papel neutro
na situação e mostrar apoio
em forma de presença.

Câncer é um signo de água e, por isso, muito sensível. Às vezes, prefere um abraço a um monte de perguntas. Talvez o mais adequado seja simplesmente estar a seu lado e oferecer apoio quando necessário.

Com a confiança que a essa altura nos une, vou lhe contar um segredo. Em meu *site* não aparece em parte alguma a opção de presentear alguém com minhas sessões, e na época de Natal procuro não aparecer nas redes. Não gosto que deem meus serviços de presente porque, nesse caso, as pessoas vão me procurar porque alguém lhes recomendou, não porque realmente querem. Isso me esgota e desgasta muito. Em compensação, quando alguém economiza durante um período e decide que essa é a ferramenta que pode lhe dar as respostas de que necessita e que sou a pessoa adequada, vem até mim animado, ativo, preparado e, sobretudo, com muita vontade de receber. Então, sim, posso ajudar essa pessoa, e nós dois desfrutamos da sessão.

> Nada pode ajudar quem não quer ajuda.
> Insistir apenas tornará o vínculo mais tenso, até rompê-lo.

Esse é apenas um exemplo em primeira pessoa de como se sente quem cedeu a outra pessoa as rédeas que podem solucionar seu problema ou quem as assumiu. A diferença é como da água para o vinho. Às vezes, quando uma pessoa sente que recebeu pouco ou nenhum cuidado de um familiar ou de um parceiro anterior, espera que os outros cuidem dela para compensar a experiência vivida. Ou então se dedica a cuidar dos outros, esperando algum tipo de equilíbrio kármico. E, assim, complica a situação, porque só consegue perpetuá-la.

> Câncer é um signo muito marcado pelo
> passado, que lhe pesa bastante,
> e pode tender a repetir padrões
> com muita facilidade.

É necessário ter cuidado para não repetir histórias familiares ou experiências próprias anteriores. Talvez seja interessante perguntar-se qual a primeira lembrança que se tem do amor. Ou, antes de começar um relacionamento novo, que recordações criadas no anterior podem condicionar o seguinte. É melhor deixar para os filmes românticos, não para a vida real, o que foi melhor em algum momento do passado ou o que teria acontecido se o ex tivesse se comportado de outro modo.

Fique em paz com suas relações passadas para que elas não estraguem as atuais.

Além disso, aqui temos um vasto campo para trabalhar em dupla. Nosso passado nos define porque as experiências que vivemos construíram a pessoa que somos hoje. Nos relacionamentos, mais ainda. Ao conhecer o passado de ambos os membros do casal, poderemos ver se vão em direções de aprendizado semelhantes, e isso pode ser o segredo de sua conexão. E ainda vejo uma vantagem extra: se nossa história nos condiciona tanto, vale a pena cuidar com muito carinho do momento atual, pois ele será o passado dos próximos anos.

UM LAR PARA SEMPRE

Tendo compreendido que, enquanto não aprendermos a cuidar de nós mesmos, ninguém poderá cuidar bem de nós, é chegado o momento de desfrutar dessa Lua, que tem inúmeras qualidades. Não é à toa que está em seu signo e mais forte do que nunca; é como se estivesse em casa, como anfitriã, dispondo de tudo de que precisa para começar a trabalhar.

Para ela, trabalhar significa conectar-se com suas próprias necessidades (vale lembrar que é importante que sejam as nossas, e não as que as outras pessoas nos fizeram acreditar que temos). O importante é saber do que precisamos e obtê-lo. Assim, vamos nos tornando especialistas em nos sentir, em nos entender e em nos conhecer para podermos fazer o mesmo com o parceiro ou a parceira.

Trata-se de abraçar a fragilidade como faria uma mãe, mas com o respeito e a distância que um filho adulto pediria.

Trata-se de buscar alguém que seja familiar para nós, que nos proporcione o que necessitamos e entenda o que pedimos. Comecemos pelos colegas de escola, de trabalho, por amigos ou conhecidos. Nesse caso, o importante é cuidar e sentir-se cuidado. Saber do que precisamos e como pedi-lo a fim de que o outro possa dá-lo a nós com facilidade. Assim, cuidar de si e dos outros não se torna algo incômodo, maçante ou arriscado, e, sim, prazeroso.

O amor se torna um lar acolhedor,
a ser habitado de maneira prazerosa junto
a alguém que trate com ternura
tudo o que acontecer.

Quem tem essa Lua sabe criar acolhimento e lar. Por isso, gosta de passar temporadas em casa, sobretudo quando precisa recuperar-se emocionalmente porque está cansado ou enfrenta alguma dificuldade.

Caseiras e familiares, essas pessoas gostam de se conectar ao seu passado e ao de seu parceiro ou sua parceira, mas não para criticar algo nem para se deleitar com o que já ocorreu, e, sim, porque, quando um conhece as origens do outro, pode compreendê-lo melhor. Saber de onde vem quem temos à nossa frente nos ajuda a entender o caminho que essa pessoa percorreu até chegar ao ponto em que está. Não para justificá-la, e, sim, para ajudá-la a não repetir o padrão e a avançar levando em conta o que deixou para trás.

> Conhecer alguém implica conhecer sua história, seus medos e seu passado.

Quando quem tem essa Lua conhece de onde vem a outra pessoa, forma uma ideia de sua identidade. Assim, sente-se confortável para compartilhar qualquer vulnerabilidade, sabendo que o fará acariciando a alma. Aprendeu a fazê-lo consigo mesmo e sentirá prazer em fazer com os outros. Não precisa que lhe demonstrem nada nem que tentem seduzi-lo com um belo carro ou um bom emprego. Esse não é seu terreno. O que o seduz é saber dos erros, das fragilidades e das feridas.

> Nada une mais duas pessoas do que compartilhar vulnerabilidades sem aparências.

Tal como a família ou o lugar em que vivemos, o parceiro ou a parceira tem de ser o acampamento-base que nos dá forças para seguirmos em busca de nossa meta. Essa tranquilidade nos serve de catapulta e nos anima a seguir adiante, mas com rede de proteção. Quem sabe que é compreendido em casa pode ousar o que quiser. Quem tem seus sentimentos em segurança pode permitir-se entregar-se a eles e aprender com eles.

Nesse sentido, buscamos no outro os braços abertos, compreensivos e respeitosos. Alguém que pegue nossa mão e a aperte com firmeza, dando-nos a confiança de que estamos no caminho certo. Como Antonio e Penélope. Que bonitos os casais que conseguem deixar para trás a criança ferida que todos carregamos dentro de nós para partilhar laços entre adultos e encontrar no outro um lar no qual descansar o coração. Bem-vindos a casa.

Medo:	Assumir responsabilidades
Apego:	Proteger
Reação:	Infantilização
Aprendizado:	Assumir riscos
Potencial:	Ternura

CÓDIGO 5

Lua em Leão
e o medo de não ser visto

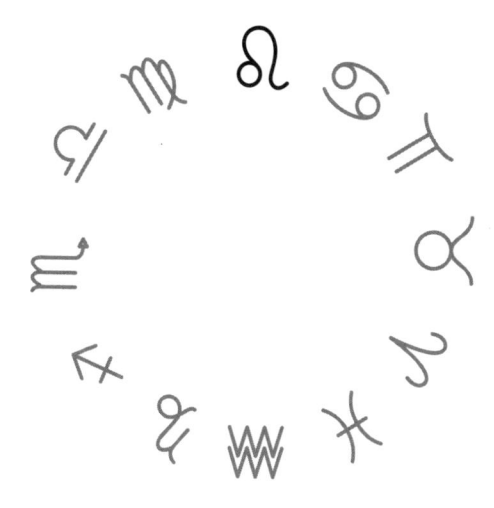

(Lua em Leão na casa 5,
ou em tensão com o Sol)

> Se você se apaixonar pelas flores e não pelas raízes,
> no outono não saberá o que fazer.
>
> — Antoine de Saint-Exupéry

A PRESSÃO DE SER JULIA ROBERTS

Não existe filme na história do cinema romântico que tenha agradado tanto como *Uma Linda Mulher*. A personagem Vivian Ward transformou Julia Roberts na "namoradinha da América". Além disso, a carreira dessa atriz parecia não ter altos e baixos, desde *O Dossiê Pelicano* até *Lado a Lado*, passando por *Erin Brockovich – Uma Mulher de Talento* e *Todos Dizem Eu Te Amo*. Era invejada por todos os artistas e admirada pelo mundo inteiro, que beijava o chão por onde ela passava.

No entanto, o sucesso diante das câmeras não correspondia ao que acontecia longe delas. Não devia ser simples administrar essa nuvem de fama que a envolvia em sua vida privada, pois – não nos enganemos – não é nada fácil para as personalidades encontrar um parceiro ou uma parceira. Caso você não saiba, existem aplicativos de relacionamento criados especificamente para os famosos. Suponho que, para eles, sempre deva pairar a dúvida se o outro está apaixonado pela pessoa ou pela personagem; desse modo, fecham o círculo, garantindo que todos estejam na mesma situação.

Rita Hayworth disse certa vez:
"Os homens que conheci se deitaram
com Gilda e acordaram comigo".

    Voltando a Julia, ela namorou Daniel Day-Lewis, Benjamin Bratt, Liam Neeson e Matthew Perry, entre vários outros colegas de elenco. Chegou até a ficar noiva de Kiefer Sutherland, mas cancelou o casamento três dias antes por uma infidelidade por parte dele, praticamente a pior coisa que se pode fazer a alguém do signo de Leão. Quem, como Julia, tem essa Lua precisa de muito reconhecimento, sentir-se único e especial. Quer ser priorizado para contar com um lugar especial na vida e no coração de seu companheiro. Por isso, para essas pessoas, uma insolência pode ter o efeito de uma verdadeira punhalada, tanto quanto se forem ignoradas, menosprezadas e, mais ainda, substituídas por outras.

Para sentir-se seguro, quem tem a Lua
em Leão precisa perceber que é visto
e que lhe dão importância.

    A origem dessa necessidade pode ser muito variada. Às vezes, por ter sido a menina dos olhos da mãe ou fruto do quinto tratamento de fertilidade dos pais, a pessoa tem como recordação o fato de ter sido recebida com tapete vermelho. Outras vezes, ocorre justamente o contrário, pois recebeu pouca atenção. Lembro-me de uma conversa com uma consulente que tinha essa Lua. Ela me disse que seus pais a haviam mandado para um internato, enquanto sua irmã mais velha ficou em casa. A moça se sentia deslocada porque era invisível para tudo o que acontecia na família. Assim se formou a ferida que mais tarde ela tentou curar transformando-se em uma das melhores consteladoras familiares da Espanha.

A popularidade costuma proporcionar autoestima
a quem a perdeu pelo caminho.

Quando essa moça entrou em crise vocacional, deu-se conta de que levava jeito para as constelações. Tinha crescido muito rápido em um momento no qual quase não havia concorrência, e fez seu nome com relativa rapidez, sem parar para pensar onde realizava as sessões ou se isso realmente a satisfazia. Viu que ter a sala de aula cheia e ser a principal atração no congresso da vez era muito conveniente para a foto nas redes sociais, mas, no fundo, ela não gostava de trabalhar com muita gente. Ao contrário, era boa no *tête-à-tête*, na intimidade, no grupo reduzido, mas, claro, isso não era muito espetacular.

Se você tentar ser quem não é, desperdiçará
a pessoa que é.

O importante aqui é perceber que há uma ferida em relação à visibilidade, por excesso ou por falta, seja porque essas pessoas estão acostumadas a ser protagonistas e não querem descer do pedestal, seja porque nunca foram protagonistas e esse é seu grande desejo. Em ambos os casos, precisarão de um parceiro ou uma parceira que as faça sentir-se únicas e inigualáveis, como Richard Gere superando a vertigem para levar o buquê a Julia na cena final do filme. Assim, entram em sua zona de conforto e podem relaxar. Mas isso, como tudo na vida, terá contrapartidas.

Quem sente necessidade de ser o centro das atenções corre o risco de eclipsar o restante e provocar nos outros a mesma ferida da qual tenta escapar.

Por isso, é muito importante que essas pessoas tomem consciência das vezes em que a energia se concentra nelas e que possam reparti-la com os outros para que ninguém fique isolado.

Ao contrário do que possa parecer, a necessidade de visibilidade não implica que tenham de ser especialmente extrovertidas, mas que, quando estão em ambiente familiar, querem ser notadas, levadas em conta e receber um lugar de relevância na conversa. Em suma, querem que falem delas e com elas.

Lembro-me de Julia Roberts no filme *Um Lugar Chamado Notting Hill*, quando Hugh Grant a leva para jantar na casa de sua irmã. Todos se entusiasmam com a namorada famosa que o rapaz arranjou e se esquecem totalmente do pobre Hugh. Na cena, os presentes acabam contando seus dramas, até ela irromper com o seu e aniquilar os dos outros. Não digo que não o tenha feito com a intenção de ajudar os demais a relativizar o próprio drama, mas, com frequência, essas pessoas não se sentem confortáveis silenciando sobre suas questões e cedendo o protagonismo ao outro. Assim, nessas pequenas coisas vão ganhando terreno até deixar o outro sem nada. A menos, é claro, que o percebam e se corrijam. Aqui surge uma das principais dificuldades dessa Lua no relacionamento: ver o outro, ceder-lhe espaço e dividir o trono.

É chegada a hora de analisar a Lua em Leão ou com aspecto tenso com o Sol. Mas atenção, pois isso inclui todos que nasceram em noite de Lua cheia ou de Lua nova.

Na Lua cheia, o Sol está em oposição a ela e, por isso, ilumina-a por completo. No entanto, embora isso pareça muito romântico, já vimos que a oposição é um aspecto de tensão e terá de ser trabalhado como tal.

Do mesmo modo, quando alguém nasceu em noite de lua nova, isso significa que o Sol e a Lua estão bem juntos no mapa (é o que acontece quando olhamos para o céu e mal vemos a Lua). Vale lembrar que a conjunção também é um aspecto tenso, e isso requer empenho, tal como acontece com a oposição ou a quadratura.

Diz uma lenda urbana que as grávidas dão mais à luz quando a Lua está com esses aspectos. Se isso for verdade, alguns de nós já podem começar a pegar o marcador de texto e ver quem se atreve a lançar a primeira pedra. Confesso que não posso fazer isso.

Nesta seção, veremos a principal dificuldade desse signo, sua tendência a monopolizar a atenção e a ver apenas a si mesmo, bem como seu melhor potencial, o carisma do líder nato, que consegue que todos brilhem a seu redor. Acendam-se os refletores que aí vamos nós!

SOU O QUE SOU

É o que cantava Gloria Gaynor em *I am what I am and what I am needs no excuses* (sou o que sou, e o que sou não precisa de desculpas). Gloria também tem o Sol em tensão com a Lua. Essa frase tem uma parte que exprime rigidez e pouca vontade de se adaptar às necessidades dos outros, mas também é uma defesa do amor-próprio e o orgulho de si mesmo. O signo de Leão tem essas duas partes. É preciso trabalhar a primeira para obter a segunda com naturalidade.

Quando alguém não sabe cultivar o amor-próprio, não lhe restam alternativas a não ser mendigar a atenção alheia.

Então, passa a depender dos aplausos alheios, acredita que eles o valorizam e, assim, sente-se querido. Para criar uma versão idílica de si mesmo, a fim de que todos se apaixonem por ele e queiram estar a seu lado, usa máscaras, mas a única coisa que consegue é sentir uma pressão terrível para estar à altura do que essa máscara exige. Alguns demonstram até arrogância, resultado da tensão que sentem para não perderem o que, aparentemente, funciona para eles. Por fora, parecem seguros e dizem coisas como a canção de Gloria Gaynor, mas por dentro tremem de medo de que alguém descubra quem se esconde por detrás. Por isso, ofendem-se com extrema facilidade e dão muita importância à imagem que as pessoas fazem deles.

O maior temor de quem tem a Lua em Leão
é ser humilhado ou passar vergonha em público,
pois pensa que, se descer do pedestal, perderá
o motivo pelo qual é querido.

É como se o marido de Julia Roberts nos dissesse que a moça ronca e solta muitos peidos. Deixaríamos de vê-la como a deusa que a imprensa nos vende, de comprar seu perfume e de assistir a seus filmes. Essa é a crença dessa Lua e o motivo pelo qual as pessoas que nasceram com ela vivem tentando ser a menina dos olhos do papai e a namoradinha da América, custe o que custar.

Se nossa intenção é que as outras pessoas nos coloquem em um pedestal para nos sentirmos importantes, faremos o que elas quiserem, bem como perderemos nossa personalidade e, sobretudo, nossa liberdade.

E, é claro, o vazio interior pode ser gigantesco. Quando isso acontece, a pessoa se torna introspectiva e tímida, não quer se mostrar nem ser o centro das atenções. Desse modo, desconecta-se do que, na realidade, necessita. E se não sabe dar a si mesma o que lhe faz bem, muito dificilmente poderá fazê-lo alguém de fora. Por conseguinte, enquanto não aprendermos a cultivar o amor por nós mesmos, não poderemos avançar nas relações com as outras pessoas.

Para tanto, teremos de recuperar o protagonismo de nossa vida, dedicar tempo, energia e dinheiro a nós mesmos. Mas não é só isso: teremos de nos atrever a nos perguntar quem somos além do que nos faz populares ou do que nos faz ser admirados pelos outros. Também precisamos ser coerentes com essa iniciativa, ainda que percamos alguns admiradores pelo caminho.

Enquanto escrevo estas linhas, volto a pensar em Julia Roberts e noto que, quando ela namorava atores populares, que lhe rendiam capas de revistas e mais fama, as coisas não iam nada bem para ela. Mas tão logo não precisou demonstrar nada a ninguém, pôde encontrar a si mesma. Está casada há vinte anos com um operador de câmera anônimo e se permite escolher os filmes dos quais quer participar, sejam superproduções ou não.

Começamos a brilhar quando não temos
nada para provar.

Quando a autoestima deixa de vir de um punhado de *likes* ou de palavras bonitas, já não é necessário monopolizar a atenção nem ser o centro de nada além da própria alma. Nesse momento, a relação consigo mesmo e com as pessoas evolui, pois já não faz falta estar no topo para ter certeza de ser amado.

> Uma grande pessoa não fará você sentir-se pequeno, pois o ego dela não se alimenta do seu, mas do próprio.

Em outras palavras, uma pessoa pode muito bem priorizar a si mesma sem depreciar os outros ou ignorá-los. Dizer "apenas eu" não é o mesmo que "o meu é importante". A primeira frase implica egoísmo, e a segunda, responsabilidade. Dito de outro modo, uma coisa é a pessoa reivindicar seu momento porque precisa de atenção, outra coisa é querer todos os momentos sejam seus para poder ser feliz. Às vezes, é fácil ver isso nos outros e muito difícil reconhecê-lo em si mesmo, mas nisso reside a chave de tudo.

A NECESSIDADE DE RECONHECIMENTO

Um dos principais problemas de relacionamento das pessoas com essa Lua é que, embora pareça uma contradição, no fundo elas não veem a si mesmas. Tentam fazer com que os outros as vejam a todo custo e procuram obter visibilidade por algum lado. Se Julia Roberts não sabe quem é, acreditará no que as revistas disserem a seu respeito. Por conseguinte, será muito suscetível à opinião dos outros.

> A realidade é que, se não nos virmos,
> os outros não nos verão.

Alguma vez já lhe deram um presente que não tinha nada a ver com você? A mim, sim, muitas vezes. Claro que isso pode acontecer simplesmente por falta de habilidade de quem presenteia, mas, na maioria das ocasiões, é porque transmitimos uma imagem equivocada do que somos. No amor ocorre o mesmo. Se mostrarmos uma máscara, o outro se apaixonará por ela, e não por quem está por trás; portanto, não saberá como nos tratar nem o que nos dar. Além disso, podemos viver com a sensação de ser obrigados a interpretar um papel para seduzir as pessoas. Por isso, precisamos ter cuidado com a imagem que transmitimos e pela qual queremos ser valorizados, pois mais tarde teremos de suportar esse peso. Se o amor só aparece quando um dos parceiros é popular, especial ou bem-sucedido, ele acabará quando a máscara cair. Pois, cedo ou tarde, ela cairá, não se pode fugir constantemente, menos ainda em uma relação de confiança e proximidade como deveria ser a de um casal.

> O endeusamento separa porque,
> se um se distancia muito do outro,
> a cumplicidade se torna mais difícil.

Quando rompemos essa necessidade de grandeza, tanto a nossa quanto a dos outros, podemos ver o que existe e nos relacionar com honestidade, escolhendo o companheiro que mais se adaptar ao que somos. Do contrário, é como pretender que um leão não nos coma só porque somos vegetarianos. Vivemos desejando que tudo gire ao nosso redor, como se todos fossem como nós ou como se os outros tivessem que parar o mundo para satisfazer nossas necessidades. E isso esgota as pessoas.

QUANDO APAGAR O REFLETOR

Agora que nos vemos, podemos definir com quem queremos estar. Obviamente, sabemos que a Lua está em Leão, ou em tensão com o Sol; por isso, convém nos unirmos a pessoas que nos cedam o lugar no palco bem iluminado, não nos bastidores, e não porque necessitamos desesperadamente disso para nos sentirmos queridos, mas porque gostamos desse lugar. A nuance é importante.

O outro tem de ser compatível com isso, seja porque gosta de nossa vontade de nos mostrar, seja porque sua zona de conforto é oposta, ou seja, ele prefere ficar um passo atrás de nós. Com efeito, o fato de alguém não pedir abertamente muito protagonismo não significa que não tenhamos de concedê-lo em algum momento, pois somos todos humanos, e é preciso saber dividir as atenções.

Certa vez, veio a um de meus cursos uma senhora que, enquanto eu explicava esse tema, desatou a chorar. No fim da aula, pedi para ela ficar, caso precisasse conversar, e ela me contou que havia anos jogava na cara de seu marido que ele viajava muito a trabalho e lhe dedicava pouco tempo. Disse-me que, naquele dia, dera-se conta de que a primeira coisa que ele fazia ao chegar ao hotel era ligar para ela, de que lhe trazia presentes de todas as suas viagens, como quando eram noivos, e de que no dia da chegada sempre reservava as primeiras horas para ficarem juntos e ele lhe contar o que havia feito. Acho que vou me lembrar da expressão dessa mulher pela vida inteira, pois seu rosto emanava uma felicidade incrível, embora seus olhos estivessem marejados. Ela os secou e me comunicou que iria diretamente para casa a fim de agradecer ao marido por tudo o que fazia por ela.

> Às vezes, o outro não pode nos dar
> mais atenção do que já nos dedica porque
> correria o risco de tirá-la de si mesmo.

Por isso, é muito importante o primeiro ponto que abordamos algumas linhas mais acima: aprender a obter essa atenção por nós mesmos, pois assim regulamos a que pedimos fora. Isso se aplica aos relacionamentos, mas também ao trabalho e a quase qualquer âmbito de nossa vida. Se nos sentirmos protagonistas apenas quando os outros nos concedem esse lugar em sua vida, criaremos relações tóxicas, nas quais pediremos mais do que poderemos oferecer. Em compensação, se nos acostumarmos a nos dar esse tapinha nas costas por conta própria, criaremos relações saudáveis, pois o outro poderá nos dar a atenção que quiser e puder. Assim, romperemos essa dependência, ganharemos segurança e aumentaremos a qualidade de nossas relações.

> A autoestima só existe se responder ao que
> vemos e damos a nós mesmos,
> não ao que os outros veem ou fazem.

É chegado o momento de ir mais além nesse assunto. Vou contar por que valorizar a si mesmo é um conceito que parece muito bonito quando escrevemos, mas muito difícil para essas luas.

COMO DESPERTAR O SEDUTOR NATO

Para seduzir os outros, primeiro temos de estar apaixonados por nós mesmos. Não no sentido narcisista da expressão, mas no de ter uma boa autoestima para permitir que os outros brilhem sem temer que nos façam sombra. No entanto, às vezes isso não é muito fácil, e nos vemos diante da dicotomia de fazer o que sentimos ou fazer o que sabemos que os outros admirarão e reconhecerão. O grande dilema da Lua em Leão é ser autêntica ou admirada. Eis a explicação astrológica para esse aspecto ocorrer quando o Sol e a Lua entram em tensão. A pessoa fica dividida entre fazer o que precisa para sentir-se querida pelos demais ou ser fiel ao que é. Gostar de mim mesmo ou querer que gostem de mim? Essa é a questão.

Que ninguém se faça de dramático, pois, não por acaso, esse signo rege as artes cênicas. Há um modo de resolver a situação: o *marketing*.

Leão é carismático, e quem tem essa Lua é sedutor por excelência. E não estou me referindo à sedução sexual, que também está presente, mas à capacidade de conquistar o outro e conseguir o que se quer, seja um aumento de salário, um desconto ou um encontro. Leão é a irmã mais velha que diz à mais nova: "Deixe que eu falo com a mamãe. Vou convencê-la a nos deixar voltar para casa à meia-noite". Trata-se de dominar a forma, o tom e o momento. De fato, para despertar essa arte, é necessário aprender a ver o outro, e vale lembrar que essa é a maior dificuldade de Leão, ou seja, ceder o holofote.

Se não aprendermos a seduzir, talvez
tenhamos tanto medo de ser rejeitados
que não nos atreveremos a sentir.

Imaginemos uma moça que acaba de descobrir que é lésbica, mas sabe que se o disser a seu pai deixará de ser sua filha preferida e perderá os privilégios que ele lhe proporciona. O risco é tão grande que seu subconsciente poderia até bloquear o que ela sente pelas mulheres. Por isso, a liberdade caminha junto com a sedução. Se a moça tiver uma boa comunicação com seu pai, compreenderá a razão de suas crenças e se colocará em seu lugar; encontrará a maneira de contar-lhe a verdade para que ele a aceite e ela possa continuar sendo sua filha favorita. Não se trata de tentar manipular, e, sim, de tornar compatíveis as realidades e formas de ser para que todos sejam felizes.

O bom sedutor não é quem se sente vencedor ao conseguir o que quer, e, sim, quem se diverte conquistando o outro e sabendo que ambos aproveitam o momento em igual medida. O pai está feliz por continuar adorando sua filha, e ela está feliz por amar quem quiser, mantendo o apoio de seu progenitor.

> Não se trata de buscar a própria felicidade à custa da alheia. Trata-se de conseguir a alheia por meio da própria felicidade.

O LÍDER NA VIDA E NO RELACIONAMENTO

Vou ser muito sincera: a Lua em Leão tem dificuldade para reconhecer. Há pessoas que ajudam as demais para obter reconhecimento, mas não têm consciência disso. Há quem se queixe constantemente para receber atenção, mas não se dá conta disso. Há quem adoeça para manter os familiares por perto, mas não o faz de maneira consciente.

Que ninguém se ofenda antes do tempo. Não estou querendo dizer que essas pessoas sejam ruins nem que não saibam ver além da própria máscara. Falo a partir de minha experiência. Tenho a Lua em conjunção com o Sol e levei muitos anos para me dar conta das vezes em que me aborreci apenas para chamar a atenção de alguém. Afinal, sou a única filha de uma mãe que ficou viúva jovem e centrou sua vida em mim.

As relações se complicaram para mim em muitas ocasiões, pois eu via no triunfo dos outros uma ameaça que poderia me ofuscar e acabar com a razão pela qual eu recebia o reconhecimento alheio. Isso não soa como culpar os outros por um mal, mas assumir o mérito pelas vitórias? Que desastre!

Menos mal que percebi o que estava acontecendo (e continuo a fazê-lo): notei a infelicidade que isso me causava e a impossibilidade de me relacionar a partir desse ponto. Mandei as aparências às favas. Prefiro ser menos ideal e contar minhas misérias com tranquilidade, como estou fazendo neste momento. Isso me une a você porque é mais real, porque quero que quem se apaixonar por mim o faça a partir daquilo que existe, e não do que eu gostaria que existisse. E isso muda tudo.

O verdadeiro líder é o que brilha
sem queimar ninguém.

A liderança externa ocorre apenas quando há liderança interna. Quando alguém consegue chegar a esse ponto de inflexão orgulha-se de ser quem é e, com sua mera presença, contagia todos com seu carisma. Entende que no céu há milhões de estrelas e que cada uma brilha em seu momento, sem apagar as demais, sem concorrência.

Sabe que haverá pessoas que serão como a Lua, que precisarão ser iluminadas a partir de fora para verem a si mesmas. Leão é o signo que se encarrega de fazer isso, de inspirar os outros tal como as *influencers* inspiram milhares de pessoas simplesmente pelo modo como se vestem. Sem impor nada, sem forçar nada, apenas mostrando. Assim, acaba atraindo quem gosta de ter um líder por perto como referência.

> O bom líder não é aquele que agrada pelo que é,
> mas por como os outros se sentem consigo
> mesmos quando estão com ele.

Isso é incrível. É contagiante. É um ímã. Isso faz que, sem querer, as pessoas reparem nele, o reconheçam e o valorizem sem forçar nada. É a luz emitida pelo Sol de maneira natural, simplesmente pelo que é, e que alimenta com amor-próprio quem estiver por perto. Assim, quem sofreu a ferida da falta de atenção se torna alguém que enxerga a si mesmo e concede um olhar especial a quem estiver por perto, criando um ambiente no qual todos se sintam reconhecidos, valorizados e atendidos.

Medo:	Não ser valorizado
Apego:	Visibilidade
Reação:	Suscetibilidade
Aprendizado:	Ver-se por si mesmo
Potencial:	Liderança pessoal

CÓDIGO 6

Lua em Virgem e o medo de não ser perfeito

(Lua em Virgem na casa 6,
ou em tensão com Mercúrio)

> O amor nasce pelos pequenos detalhes
> e morre pela carência deles.

A ARMA DE SEDUÇÃO
DE NATALIE PORTMAN

Poucas atrizes em Hollywood são tão inteligentes quanto Natalie Portman. Embora muitos se lembrem dela por seu papel como a rainha Amidala, em *Star Wars*, talvez poucos saibam que ela é formada em Psicologia, nada mais, nada menos do que pela Universidade de Harvard. Natalie tem a Lua em Virgem e, para ela, uma mente brilhante é mais importante do que um rosto bonito. Essa é uma Lua prática, que busca sentir-se útil aos demais e talvez pense que é mais fácil entender o funcionamento do cérebro que saber atuar. Em uma entrevista dada ao *New York Post*, declarou que não lhe importava se a universidade arruinava sua carreira de atriz; preferia ser inteligente a uma estrela de cinema.

Virgem é um signo ligado ao trabalho.
Quem nasce com essa Lua precisa cumprir a função que lhe é atribuída na vida e, assim, sentir-se querido ao exercê-la.

Virgem tem vocação para servir; quer pôr mãos à obra para sentir que assim ajuda os outros e se esforça em benefício da felicidade das pessoas que ama. Quando pessoas desse signo recebem uma tarefa, prestam bastante atenção para que não lhes passe despercebido nenhum detalhe do que têm de fazer.

Minha amiga Miriam tem essa Lua, e é um prazer convidá-la para almoçar ou jantar, pois ela sempre insiste em ajudar a tirar a mesa e se prontifica a jogar fora o lixo quando vai embora, mas também é inibida por sua insegurança, pois acha que, se não se comportar como a convidada perfeita, deixaremos de chamá-la. Isso faz que se sinta tensa desde a hora em que chega até o momento de ir embora. Quando tem um encontro, acontece o mesmo. Vive em permanente estado de alerta, tentando não chegar nem muito cedo, nem muito tarde, atenta para que suas pernas estejam bem cruzadas e para que a conversa flua sem incomodar seu interlocutor. E, claro, nesse estado de tensão permanente, é impossível relaxar e aproveitar o encontro. Não se solta e, portanto, não consegue conectar-se com a outra pessoa e decidir se gosta dela ou não.

> Quem é de Virgem analisa cada detalhe
> para assegurar-se de que está agindo corretamente,
> pois acredita que seu valor está na perfeição.

Não posso deixar de pensar que Natalie Portman conheceu seu marido durante as filmagens de *Cisne Negro*, pois ele era o encarregado de ensiná-la a dançar. E não estamos falando de um bailarino qualquer, mas de alguém que dirigiu o balé da Ópera de Paris. Deduzo que deve ser um homem disciplinado e meticuloso, pois, afinal de contas, sua profissão trata de corrigir, melhorar e aperfeiçoar a coreografia até ela ficar impecável. Essa característica dele combinou muito bem com Natalie, que possivelmente era a primeira a querer parecer uma bailarina profissional no filme. Outra coisa é levar isso para casa e sentir que tudo tem de estar perfeito, desde a máquina de lavar louça até a programação da viagem de verão, pois esse nível de exatidão conduz à obsessão ou à neurose e, em longo prazo, torna-se paralisante.

Nesta seção, analisaremos a Lua mais meticulosa, desde seu principal calcanhar de Aquiles, o excesso de análise, até sua capacidade de entrega a quem mais ama.

Espero ser concreta em minhas palavras e não sair do roteiro. Seja compassivo, querido leitor; concentre-se na idéia, e não em corrigir o acento. Certamente alguns terão achado estranho eu ter escrito "idéia*" com acento, embora ele tenha caído em desuso desde a última reforma ortográfica. Você não imagina o quanto me sinto tensa ao escrever este capítulo, sabendo que haverá muitos olhos virginianos analisando cada palavra. Vou preparar um chá bem saudável e já começamos.

FIZ UMA PLANILHA DAS MAMADEIRAS

Ao falar da inteligência de Virgem, talvez mais de uma pessoa encontre certo paralelismo com a Lua em Gêmeos. É normal, uma vez que os dois signos são regidos pelo planeta da comunicação: Mercúrio. Portanto, entender as coisas dá segurança a ambos para que possam controlar as emoções. A diferença é que, no caso de Gêmeos, a inteligência é conceitual, e em Virgem, ela é prática. Por exemplo,

---

* No original em espanhol, a autora utilizou a palavra "guíon", a qual, pelo texto, também não seria mais acentuada nesse idioma. O trecho utiliza justamente esse detalhe para trazer à tona uma característica atribuída aos virginianos. (N. da T.)

quando Gêmeos passa por um luto, sente necessidade de saber que existem fases e que ele se encontra na terceira; quando o compreende, tranquiliza-se. Para quem é de Virgem, o conceito não é suficiente; ele quer saber qual função cumpre a tristeza em nosso organismo e nas relações e como demonstrá-la de maneira quantitativa.

> Quem tem a Lua em Virgem não se interessa apenas pela ideia, quer dados concretos e resultados; ama o editor de planilhas Excel, as estatísticas e os diagramas.

Meu marido tem a Lua na casa 6, a de Virgem, e, quando nosso filho nasceu, ele pendurou na geladeira uma planilha feita no Excel para anotar as mamadas do bebê. Já eu não tenho nem um único planeta nesse signo nem nessa casa, de modo que nunca me lembrava de fazer anotações na tabela e, quando ele me perguntava o horário da última mamada, eu respondia que havia sido umas duas horas antes... ou três. Essa falta de dados concretos o deixava nervoso, pois se sentia inseguro, não sabia se estávamos fazendo as coisas direito ou se o bebê estava passando fome. Dessa forma, desde o primeiro mês, decidimos guiar-nos à risca por aquela planilha.

Seguir a planilha do Excel tinha uma parte muito boa: ficávamos tranquilos por agir corretamente e podíamos planejar as mamadeiras se fôssemos sair. Mas também tinha uma parte ruim: eliminava nosso instinto e corríamos o risco de superalimentar o bebê porque não esperávamos seu choro. A organização foi uma coisa boa para nós, mas a rigidez nos levou a nos desconectarmos do bebê, assim como ocorria com minha amiga Miriam em seus encontros.

> O excesso de controle nos desconecta
> de nossas emoções, o que nos impede
> de fluir com elas.

Descobrir que tudo responde a uma norma previsível logo nos tranquiliza, mas, quando essa experiência é vivida em excesso, ela nos leva a uma prisão emocional que sobrecarregará nossa capacidade adaptativa quando a vida nos trouxer coisas que não estão no planejamento. As pessoas com a Lua em Virgem precisam carregar uma agenda, saber o que vão fazer no fim de semana e por que encontrar uns amigos e não outros. Não fluem bem no caos porque não querem improvisar. Quem faz as coisas em cima da hora não consegue dominar todos os detalhes nem oferecer perfeição em seu resultado, e isso o conecta ao risco de não se sentir querido, como expliquei no início. Então, surgem os pensamentos repetitivos e a neurose.

> A ansiedade é um clássico nas luas
> em Virgem, uma vez que vivem em alerta constante
> ao tentarem dominar algo que não se pode
> controlar: a vida.

As pessoas não podem determinar o que lhes acontecerá, até onde evoluirão seus sentimentos ou os da outra pessoa, mas podem acomodar-se ao que vier, tal como os barcos adaptam suas velas ao vento que sopra a cada momento. O processo de cura dessa Lua inicia-se nesse ponto, quando se começa a afrouxar a rigidez e a aprender a amar a imperfeição da vida e da condição humana. Somente assim poderemos abrir os braços ao que estiver por vir bem como conceber o amor fluido em nós e em nosso parceiro. Na seção seguinte, explicarei uma das chaves para consegui-lo.

O PERDÃO CONTÉM A FÓRMULA DO AMOR

Como eu disse, para os que estão sob essa Lua, os detalhes são muito importantes; por isso, de nada adiantará pedir-lhes que não se concentrem neles. Mas também é certo que, se prestarem muita atenção a eles, não encontrarão ninguém suficientemente perfeito. Se forem longe demais com a análise, provocarão a paralisia. Sempre haverá algo errado: a pessoa escolhida tem defeitos, o momento não é oportuno nem a situação é adequada; assim, qualquer tentativa de relação será frustrada.

Buscar um parceiro isento de falhas é um suicídio, pois a vida não é assim. Se esperamos ser perfeitos para nos sentirmos merecedores de amor, passaremos a vida inteira sem conseguir. Somos caóticos, errôneos e descompensados por definição. Não se trata de buscar algo perfeito, pois isso só nos levará a ficar obcecados por nossas falhas, a sentir inferioridade em relação aos outros e a voltar à necessidade de controle, com o qual se criará um círculo destrutivo. Trata-se de provocá-lo, de criá-lo, de levar nossa ideia de perfeição a algo que possa existir.

A primeira regra para criar um bom relacionamento será entender a natureza da vida e incluir o erro como parte do plano. Basicamente, estou falando em perdoar-se. Perdoar não significa desculpar nem justificar. Perdoar é aceitar que ninguém é um robô excelente em tudo o que faz. O que realmente importa é nossa atitude perante as imperfeições e a vontade que temos de melhorá-las.

Isso é o que une duas pessoas, os detalhes a serviço de uma missão em comum, não as ninharias isoladas.

> A cura da Lua em Virgem passa por perdoar-se e perdoar.

A idealização é algo infantil, pois as crianças têm uma ideia imaginária de como são seus pais e a vida em geral. Quando crescem, dão-se conta de que os adultos são imperfeitos e, então, transformam-se em adolescentes. Logo iniciam uma fase na qual se descobrem como adultos e perdoam seus pais ao reconhecerem a realidade que todos enfrentamos. Por fim, quando esse adulto é capaz de perdoar a si mesmo, chega à sabedoria. Nesse momento, ele saberá perdoar também as outras pessoas, e as relações se darão de forma relaxada, sem a tensão de antes.

Perdoar-nos implica nos amar mesmo quando não fazemos tudo certo. Nossos resultados dependem de muitos fatores, e a maioria deles está fora de nosso alcance. Trata-se de compreender que a única coisa sobre a qual temos domínio é nossa intenção; por isso, exigir perfeição de nós mesmos implica pôr o foco em algo que não depende de nós.

O casal não pode se transformar em uma espécie de *Round 6*, série da Netflix na qual um personagem é morto quando comete alguma falha. Realmente, uma situação de alta tensão, na qual não se pode baixar a guarda nem por um minuto, pois, ao menor deslize, recebe-se uma bala no meio da cara. Só que, em um relacionamento, não se pode estar o tempo todo analisando a si mesmo e sentindo-se analisado pelo outro. Assim, é impossível mostrar-se espontâneo e permitir-se ser autêntico, com virtudes e falhas.

Convém recordar que os detalhes são importantes, mas não podem nos desviar da essência pela qual estamos com a outra pessoa. Se as pequenas coisas vencem, certamente é porque nos revelam que a base não está funcionando. Quando existe amor entre duas pessoas, os roncos, as espinhas ou não dar a descarga pode ser algo que se vê, de que se deve falar, mas não é o que decide. Se o for, é porque essas duas pessoas perderam o sentimento que as unia.

É preciso evitar que a árvore nos impeça de ver o bosque e entender que, embora os detalhes sejam importantes, não devem nos desviar do essencial.

QUANDO O CORPO FALA, O CORAÇÃO ESCUTA

O fato de o signo de Virgem ser regido pelo planeta da comunicação torna imprescindível que esta seja fluida. No entanto, à diferença de Gêmeos, outro signo governado pelo mesmo planeta e com habilidade para se expressar, em Virgem as coisas podem ser mais complicadas. Quando alguém conversa, expõe-se e pode deixar suas falhas à mostra. As pessoas com essa Lua não costumam ser falantes, sobretudo se Mercúrio estiver em tensão com a Lua.

Às vezes, a timidez pode acontecer não em razão do assunto da conversa, mas porque os interlocutores não encontram o modo correto de conversar. Vi gente hesitar em seu discurso e falar com lentidão porque a mente estava a mil por hora, tentando buscar a palavra exata, não a aproximada. Como se estivessem em um concurso de televisão, daqueles em que é preciso acertar a palavra que corresponda à definição lida pelo apresentador, até preencher todo o círculo com as letras do alfabeto. Justamente por isso, em Virgem é o corpo que rege.

O corpo fala o que a boca cala.

A somatização é muito comum nessas pessoas. Louise Hay, Lua com Mercúrio e autora do livro *Você Pode Curar sua Vida*, analisou as doenças a partir de sua função em nossa vida. Pesquisou a razão pela qual adoecemos e concluiu que as doenças são pensamentos e processos reprimidos. Para Hay, quando há um problema de saúde, é necessário não apenas fazer, mas também entender algo para se curar.

Quem tem a Lua em Virgem costuma ser hipocondríaco, pois está habituado a deixar o corpo falar. Justamente por isso deveria aprender a transformá-lo em seu melhor cúmplice, para poder ouvi-lo quando ele sussurrar e para que ele não precise gritar. A essas pessoas convém buscar parceiros ou parceiras que as ajudem a criar um ritmo de vida ordenado e metódico, que não vivam improvisando ou no caos absoluto de horários, que não comam a primeira coisa ao alcance da mão e que cuidem da higiene, pois limpeza é sinônimo de saúde.

Natalie Portman, por exemplo, é vegana desde os 8 anos. Não estou querendo dizer que essa seja uma dieta mais saudável do que a carnívora, e, sim, que seguramente ela procurou comer o que lhe faz bem. Vale lembrar que não se trata de cair na rigidez, mas na escuta do corpo e, nesse caso, cada um terá as próprias necessidades. A atriz conta que passou a adotar o vegetarianismo quando engravidou, pois sentia que gostava de comer ovos e produtos lácteos durante aquele período. Isso significa escutar a si mesmo e manter uma boa qualidade de sono, trabalho, alimentação e exercício. Sem dúvida, quem disse *mens sana in corpore sano* (mente sã em corpo são) tinha a Lua nesse signo.

O VERDADEIRO AMOR ESTÁ NOS DETALHES

Para Virgem, o amor, tal como a vida em geral, deve poder ser medido. Para as pessoas desse signo, de nada valem as ideias genéricas, fantasiosas ou pouco concretas; não lhes serve um sentimento abstrato, precisam saber ao que nos referimos quando dizemos "gosto de você", e no que ele se diferencia exatamente de um "te amo", por exemplo. O que está incluído no primeiro e o que está incluído no segundo. Isso lhes dá tranquilidade, pois as afasta da dúvida e da incerteza, seu maior medo.

Os que têm essa Lua precisarão ter ao lado alguém que os ajude a analisar as relações e a vida tal como eles o fazem, e que procure compreender a lógica de como tudo funciona. E isso sem perder a simplicidade do que se tem diante de si e sem se esquecer de concordar, mesmo quando não houver muita lógica nem explicação. Será necessário acompanhá-los para que possam expressar-se e deixar-lhes espaço para que seu corpo possa fazer o mesmo se a palavra não for suficiente.

> Virgem rege as coisas pequenas. Para quem tem essa Lua, é imprescindível que o amor esteja em cada detalhe do dia a dia.

Eis a maravilha desse signo, que não é outra coisa senão "fazer da segunda-feira outro sábado", como diz a canção de Paloma San

Basilio. Essas pessoas têm a virtude de cuidar de cada coisa, afagar cada gesto, por mais insignificante que pareça, e dar-lhe uma conotação especial. A rotina não é entediante; ao contrário, para elas, é a única coisa que existe e a que mais deve ser apreciada. Desde um jantar em uma terça-feira até compartilhar o trajeto para casa ou uma mensagem no meio da manhã. O amor é como uma receita na qual a soma de cada ingrediente, mesmo que seja simplesmente polvilhar um tempero, é o que torna o resultado um belo prato. Toda grande história de amor é a soma de pequenos detalhes cotidianos.

> A alma crítica de Virgem terá de estar atenta a tudo; quem tem essa Lua pode parecer tranquilo por fora e internamente estar a mil por hora.

Ajudar essas pessoas a parar, a hierarquizar as tarefas e a se planejar lhes será de grande ajuda. Assim, poderão cumprir cada uma de suas atividades com esmero e precisão, como gostam de fazer. Julgar suas necessidades, criticar suas manias ou pedir-lhes mais do que conseguem administrar fará com que entrem em crise e se afastem. E se sua alma se romper, seu corpo o fará em seguida. Costumam ter o sistema digestivo delicado, precisamente pela correlação que existe entre ele e o sistema nervoso. Nele, encontrarão um bom sinal a ser ouvido e obedecido.

Dito isso, teremos uma pessoa atenta, analítica, minuciosa, mas também compreensiva e colaborativa. Um "combo" magnífico: saber estar a serviço do que seu parceiro ou sua parceira precisa, mas não oferecer mais do que seu corpo pode dar.

Por não ser uma Lua imaginativa nem viver nas nuvens, é capaz de satisfazer suas necessidades com coisas concretas, práticas e modestas. Isso facilita muito o caminho. Há pessoas que pedem o céu, e outras que são felizes com uma taça de vinho em meio a gente bonita. As segundas têm muito mais possibilidades de alcançar suas metas e conseguir que as demais as ajudem a fazê-lo, evitando desilusões ou promessas inalcançáveis que frustrem seus sonhos.

Ai, Virgem, como é bom, como é fácil e como é bonito poder satisfazer o coração sem grandes espalhafatos!

Quem tem a Lua em Virgem busca soluções práticas e eficazes. Isso faz que não prolonguem as situações críticas mais do que o necessário nem enganem a si mesmas. Só para você ter uma ideia, minha amiga Miriam dizia que chorava debaixo do chuveiro para não perder tempo. Como a Miriam não há outra igual; é uma pessoa realista e não perde nem um minuto vendo príncipes onde há sapos.

Ser romântico é muito bonito, mas pouco prático. Ser sensato é extremamente eficaz, além de uma forma fantástica de amor-próprio para não perder nem meio segundo de nosso tempo onde não haverá futuro.

> O bom dos analistas natos, como os
> que nasceram com a Lua em Virgem, é que
> veem imediatamente onde não estão obtendo os resultados
> desejados e se retiram em tempo.

Aproximando-nos do final do capítulo, peço-lhes desculpas por não ter usado estatísticas nem estudos de alguma universidade americana para explicar essa Lua. Com certeza mais de um leitor terá feito pesquisas, encontrado nuances e erros técnicos no que eu disse e terá comparado a informação com outros doutores na matéria. Bom trabalho, que não falte a precisão.

Também espero que tenham aprendido a desfrutar dessa leitura e, em vez de se perderem nos detalhes que poderiam ser corrigidos, consigam tirar conclusões gerais que lhes sejam úteis para o dia a dia.

O bom dessa Lua é que, como essas pessoas sentem a necessidade de saber que estão trabalhando na relação e cumprindo tarefas para melhorá-la, podem desfrutar do fato de aperfeiçoá-la em cada fase em que o casal se encontrar. Como em um quebra-cabeça ou *scape room*, é preciso aprender a jogar resolvendo as charadas que o outro nos propõe. Não se trata de buscar o erro nem nos punirmos por ele; não queremos uma relação com um robô nem um mundo perfeito. Isso seria muito entediante, não faria sentido e nos levaria diretamente ao desespero, à neurose e à ansiedade. Queremos nos divertir enquanto deciframos cada uma das dificuldades da relação para ver a dinâmica que se repete e para melhorá-la.

Teremos alterado essa Lua quando encontrarmos o prazer de continuar detectando o que simplesmente não nos agrada e nos deleitarmos em buscar a melhor versão de nós mesmos. Sejamos químicos do amor até conseguir a alquimia perfeita. Sem punição nem obsessão, mas pelo puro prazer de encontrar a fórmula. Esse é um eterno desafio, pois, como somos humanos e tudo se move e evolui, sempre haverá mais coisas a serem descobertas, analisadas, vistas e experimentadas. Trata-se de conseguir que, nessa análise de nós mesmos, de nosso parceiro ou de nossa parceira e da vida, cada passo nos emocione e cada pequeno objetivo nos motive. Como se estudássemos uma vacina, mas o vírus sofresse mutações constantemente. No final, dominaríamos seu comportamento e poderíamos prever suas intenções, cortando ou incentivando o que fosse necessário.

Desse modo, teremos transformado a ferida do perfeccionismo na virtude de sermos capazes de ver cada pequena coisa, de desfrutar ao analisá-la e valorizar cada detalhe para melhorá-lo até alcançar estágios extraordinários de lucidez.

Um relacionamento é repleto de nuances, a relação com nós mesmos é inundada de situações que nos delatam, mas somente os mais inteligentes conseguem observá-lo. Celebremos a capacidade de vê-lo, de definir como meta ser os melhores e de aproveitar o caminho para consegui-lo por intermédio de nosso parceiro ou de nossa parceira.

Medo:	Incerteza
Apego:	Sentir-se útil
Reação:	Paralisia
Aprendizado:	Fluir
Potencial:	Detalhismo

CÓDIGO 7

Lua em Libra e o medo de não poder compartilhar

(Lua em Libra na casa 7,
ou em tensão com Vênus)

> Deixar a própria felicidade em mãos alheias
> é o primeiro passo para não a alcançar.

O CASAMENTO DO SÉCULO

Em 19 de maio de 2018, o mundo parou. Quer dizer, o mundo de pessoas como eu, que adora uma fofoca. Os olhares do mundo inteiro se puseram na frente da televisão para ver o que chamaram de "o casamento do século", o matrimônio de Meghan Markle com o príncipe Harry, da Grã-Bretanha. Nesse dia, por meio dessa união, ela se tornou membro da família real britânica e elevou seu *status* social.

    Libra é o signo de quem compartilha e obtém identidade graças ao outro. Não significa que quem nasceu com essa Lua não tenha méritos próprios, mas que costuma colher os alheios para criar um refúgio. Para dizer sem rodeios, se o primeiro código (o de Áries) funcionava na individualidade, o sétimo funciona em companhia.

    Aqui começamos a roda dos opostos. Até o momento, tratamos dos seis primeiros signos. A partir destas linhas, apresentaremos os outros seis, que se opõem aos primeiros. Aparecerão em ordem e, portanto, o sétimo se oporá ao primeiro, o oitavo ao segundo, o nono ao terceiro, e assim por diante. Dessa forma, cria-se o que chamamos de "oposições astrológicas", ou seja, todo padrão tem sua proposta contrária e, na realidade, ambas se complementam criando um eixo.

O eixo Áries-Libra é o das relações e se baseia em entender que é tão importante ter consciência do papel que desempenhamos individualmente quanto saber enxergar quem temos à frente e incluí-lo em nossa vida.

> A relação perfeita é aquela
> em que vemos a nós mesmos
> e nosso parceiro ou nossa parceira.

Se Áries se baseia na autossuficiência, aqui temos o contrário: a própria felicidade reside na presença do outro. Por isso, se não tivermos cuidado, a dependência emocional estará garantida. Não há problema em aprender com o outro, pois encontramos o equilíbrio junto com ele, mas não devemos tentar ser o outro. Preste atenção, a nuance é importante.

Quando a Lua se encontra em tensão com Vênus, a coisa se complica. A pessoa em questão pode ver-se em meio a conflitos e sentir-se obrigada a tomar parte deles quando, na verdade, isso é o que mais a apavora. Penso em uma situação na qual os pais estão separados e o filho se vê em meio ao fogo cruzado. Ele sente que, se apoiar um, coloca-se contra o outro. É importante que quem tiver a Lua em Libra distinga o que é ou não responsabilidade sua. Quando tiver alguma responsabilidade, deve saber tomar partido sem depreciar a outra parte. Não é possível agradar a todo mundo, mas também não há necessidade de confrontar ninguém. Sua virtude estará na diplomacia. Por isso, Libra é o signo dos mediadores, dos negociantes e dos advogados. Mediar um conflito significa fazer cada parte ver a posição do outro. A guerra surge da dificuldade de se colocar na pele do rival, de ver apenas um ponto de vista e defendê-lo até a morte.

Por exemplo, se os vizinhos do último andar querem um elevador a todo custo, é porque não compreendem que isso é injusto com os que moram nos andares mais baixos, que não vão utilizá-lo. Mas o fato de os moradores dos andares mais baixos se negarem a instalá-lo significa que não entendem que há pessoas no mesmo edifício que sobem muitas escadas todos os dias. Se nenhuma das partes compreender a outra, as posições se bloquearão, e será impossível chegar a um acordo. O libriano as fará ver a realidade da outra parte e tentará soluções intermediárias que satisfaçam ambos os lados com a famosa estratégia *win-win*. Por exemplo, sugerirá a instalação do elevador, que deverá ser pago apenas por quem for usá-lo.

> A função de Libra é fornecer
> pontos intermediários, acordos e soluções
> que favoreçam o *win-win*.

Nesta seção, vamos explicar o que significa ter a Lua em Libra, o signo das relações por antonomásia, procurando não cair na necessidade excessiva de agradar aos outros e aproveitando o próprio *savoir-faire* nos vínculos pessoais.

"COMPARTILHADA, A VIDA É MAIS"

Esse era o *jingle* da campanha publicitária de uma companhia telefônica que, quando eu era adolescente, com a chegada da primavera, convidava-nos a encontrar a felicidade ligando para todo mundo.

Esse poderia ser o *Leitmotiv* de Libra, que é o signo das relações, dos vínculos e da colaboração. Mas que ninguém se emocione antes do tempo, pois não é por isso que as relações serão mais simples. Ao contrário, quem tiver a Lua nesse signo deverá aprender mais do que ninguém a criar laços de qualidade. Se alguém tiver um mapa individualista e dificuldade para se relacionar, não acontecerá nada. Mas quem souber que quase com certeza criará vínculos, é melhor se empenhar: se aprender a criar boas relações, poderá tirar muito proveito de seus contatos, de seus conhecidos e, é claro, de seu parceiro ou de sua parceira.

> A qualidade de nossa vida se baseia
> na qualidade de nossas relações.

Muitas pessoas estão convencidas de que a solidão é má companheira. Talvez por terem visto como as coisas se complicaram depois que sua mãe ficou viúva; talvez porque um conhecido não tenha se recuperado após uma separação; ou, quem sabe, pelo simples fato de que seus pais insistiam para que não voltassem sozinhas para casa ou não deixassem o irmão brincar sozinho. A origem é o de menos, o importante é se conscientizar de que existe uma experiência pessoal ou crença de que a solidão foi a causa do desastre. Às vezes, nem é preciso ter acontecido alguma coisa, um medo antecipatório ou uma sensação adquirida já é suficiente.

Quando isso acontece, a pessoa começa a fazer de tudo para ser incluída entre os outros e evitar a rejeição: desde ser amável, chegando ao limite de perder a personalidade, até mudar de opinião de acordo com a companhia.

Minha amiga Mila tem essa Lua e, quando éramos adolescentes, mudava de gosto de acordo com o rapaz com quem saísse. Teve sua época de roqueira porque começou a namorar o baterista de uma banda; depois, passou a maquiar-se de maneira exagerada e a usar bolsas de marca porque saía com um executivo de uma multinacional; e teve sua época *hippie* quando seu filho enveredou por esse caminho. Ela diz que se adapta muito bem, e eu lhe digo que lhe falta personalidade. Gostamos tanto uma da outra que podemos nos dizer qualquer coisa sem nos ofendermos. O problema de Mila é que, quando tem de tomar uma decisão, ela muda o tempo todo de opinião. Manda áudios mais longos que um *podcast* ao grupo de WhatsApp das amigas, nos quais trata de seu dilema entre as razões para dizer "sim" e, ao mesmo tempo, para dizer "não" sobre determinado assunto.

A necessidade impetuosa de agradar comporta o perigo de querer ser incluído a todo custo na vida dos outros. Libra é um signo mental. Pensa que, alinhando-se aos outros, participará de seu campo afetivo; por isso, pode dizer sim a duas opções opostas apenas para ficar bem com quem as propõe. Uma das coisas que deve aprender é que não se pode agradar a todos e que, às vezes, não se pode fazer duas coisas incompatíveis ao mesmo tempo, pois perderá a si mesmo nessa necessidade de aceitação.

> A indecisão é típica de quem tem
> a Lua em Libra, pois sua mente se debate
> entre o que gostaria de querer para agradar
> e o que quer na realidade.

As pessoas de Libra temem o conflito porque não querem perder o vínculo e, portanto, têm dificuldade para manifestar suas próprias emoções com clareza, por medo de que o outro não as compartilhe. Isso faz que percam a confiança em si mesmas e reduz vertiginosamente a qualidade das relações. Não se pode viver em constante autocensura para dizer e pensar o que agrada ao outro, com a intenção de manter a relação. Tentar evitar conflitos é a melhor maneira de provocar mais conflitos.

> Muitas vezes, buscar a harmonia do lado de fora nos custará uma boa guerra dentro de nós, e isso nos separa do outro.

Há um truque simples para resolver isso: a famosa assertividade. A arte de manter o conteúdo cuidando da forma. O signo de Libra é regido pela diplomacia, pela cortesia e pelas relações públicas. Desse modo, se tomar cuidado ao dizer o que pensa, poderá pensar e dizer o que quiser. E existe outro modo de dissipar essas dúvidas: ressituando o papel que o outro desempenha em sua vida. É o que explicarei a seguir.

A ORDEM DOS FATORES ALTERA O PRODUTO

Quando uma pessoa se dá conta de que a opinião dos outros está começando a adquirir muito peso, deve reposicionar-se de imediato. Trata-se de saber o que queremos e, em seguida, procurar alguém que corresponda a nosso desejo e com quem possamos nos unir na mesma causa. Nunca o contrário. O que Mila fazia era tornar-se como seus namorados para que a aceitassem; com isso, perdia sua própria personalidade. Procurava estar sempre maravilhosa e cuidava da própria imagem de maneira ostensiva, mas acabava criando uma relação de baixíssima qualidade, e isso a deixava muito insegura.

Por outro lado, quando alguém decide com firmeza quem quer ser, pode procurar pessoas que correspondam à sua personalidade e criar vínculos que satisfaçam ambas as partes. Quando Mila mudou a ordem dos fatores, suas relações começaram a adquirir força. Em pouco tempo, conheceu um dentista da Andaluzia que se apaixonou por sua sociabilidade, sua cultura e seus cabelos ruivos, e Mila pôde ser ela mesma sem sentir vergonha nem fazer poses forçadas. Depois de poucos anos, casaram-se em um sítio em Empordà, na Catalunha, a cerimônia mais bonita a que já assisti. Atualmente, trabalham na organização de eventos desse lugar. Esta é a característica de Libra: ser imbatível em criar coisas preciosas.

> Quando perdemos o medo de fazer inimigos,
> começamos a criar uma personalidade própria
> com a qual podemos seduzir quem quisermos.

E aqui começaremos a alterar esse padrão. Libra é o signo das relações, pois sabe ver quem está à sua frente, levá-lo em conta e incluí-lo em seus planos para que ambos saiam beneficiados. No entanto, para isso, antes tem de aprender a ver a si mesmo e respeitar seus gostos, mesmo correndo o risco de não agradar a todo mundo. Nem chocolate agrada a todo mundo!

> Somente quando soubermos quem somos,
> saberemos aonde ir e com quem.

O autoconhecimento e certos momentos de solidão serão cruciais para melhorar a relação consigo mesmo, esclarecer conceitos e manter a ordem desejada: primeiro, é preciso saber o que se quer e, depois, sair em busca da pessoa adequada.

Quando tiverem isso claro, essas pessoas poderão começar a criar bons vínculos e favorecê-los. De fato, precisarão ter cuidado com o famoso FOMO, *Fear of Missing Out*, ou "Medo de Perder Alguma Coisa"; em outras palavras, o medo que aparece quando sabem que alguém tem a última palavra e elas não foram convidadas. Essa é uma Lua com uma forte tendência a participar das redes sociais, assistir a saraus ou ir a lugares em que sua necessidade de conexão com os outros seja saciada. Essas pessoas acreditam que, inteirando-se do que acontece, estarão a par de tudo e não ficarão isoladas. No entanto, vale lembrar que uma coisa é se beneficiar dos vínculos, e outra é querer criá-los a todo custo e a qualquer preço. Isso não.

Como tudo na vida tem sua compensação, também existe o conceito de JOMO, *Joy of Missing Out*, ou "Prazer de Perder Alguma Coisa". Ele se baseia na ideia de aprender a dizer não aos planos que não nos satisfazem, por mais importantes que sejam, e de nos dedicarmos ao que realmente nos nutre internamente. Isso sim.

COMO EQUILIBRAR O DAR E O RECEBER

Libra é o signo das relações e é simbolizado com uma balança, o que indica que o equilíbrio é a única forma de criar laços que nos satisfaçam. Quando a Lua se encontra em tensão com Vênus, costuma ter dificuldade para encontrar o modo adequado de dar e receber em harmonia, criando a ferida da injustiça. Para curá-la, será necessário ver por que o desequilíbrio é produzido e tentar não dar mais do que se recebe nem pedir mais do que os outros podem oferecer.

Para manter relações equilibradas, antes temos de criar uma boa relação com nós mesmos. Somente assim teremos uma boa perspectiva do que queremos ou não do outro.

> Somente quando soubermos administrar nossa vida
> poderemos escolher em quem confiar,
> pois já não o faremos por necessidade,
> e, sim, por vontade.

Certa vez, recebi um consulente que estava brigado com sua mulher, mas não ousava deixá-la. Perguntei-lhe que parte dele precisava dela, e ele respondeu: "A que não quer cuidar da minha vida". Até ele aprender a fazer isso sem ter de consultá-la para tudo, não conseguiu deixá-la. Mas o pior é que, enquanto estavam juntos, ela fazia com ele o que queria, pois, obviamente, a dependência emocional permite ao outro dominar a situação. O casal ia para a casa dos sogros dele todos os domingos, passava férias onde ela escolhia, e até as roupas dele era ela quem comprava. Ele fazia de tudo para agradá-la por medo de que, se ela fosse embora, ele teria de enfrentar o que tanto o aterrorizava.

> Inúmeras pessoas não estão bem
> com o parceiro, mas não conseguem deixá-lo.
> Diante disso, a pergunta é: que parte sua
> precisa do outro?

Quando conseguirmos encontrar o que causa a dependência, poderemos aprender a administrá-la sozinhos, seja por nós mesmos, seja por meio de outras fontes mais saudáveis. Uma relação se equilibra quando ninguém depende de ninguém, quando ambas as partes são completas e sabem viver sua vida plenamente, sem precisar da presença constante do outro. Esse é o momento em que podemos escolher quem queremos ter a nosso lado, sem a obsessão de agradar ou morrer de medo de que o outro se aborreça.

No caso dos doadores por excelência, a coisa pode desequilibrar-se de duas formas: dando em excesso ou temendo receber. Quem passa o dia dando sem encontrar o limite é porque o faz pela necessidade de ficar bem com todos e busca algo em troca, normalmente que o afastem de sua temida solidão. Essa é uma relação criada exclusivamente a partir do ego, do próprio interesse e, portanto, desigual. Enquanto não doarmos de coração, não saberemos quando parar de doar.

> Para dar com equilíbrio, é preciso ver o que buscamos com essa doação e verificar o que receberemos em troca.

Do outro lado, estão os que temem receber, talvez por acreditarem que isso tem um preço muito alto, seja porque não se sentem merecedores, seja porque não querem sentir-se em dívida com ninguém.

Voltemos a Meghan Markle. Seu pai declarou em uma entrevista que ele a havia transformado na atual duquesa e que ela devia tudo a ele (tradução literal das frases publicadas no jornal *The Mail on Sunday*, em julho de 2018). Essa afirmação vê apenas um lado da balança. Talvez ele tenha feito muito por sua filha, mas ela também deve ter méritos próprios, mesmo que seja apenas o de ter absorvido tudo o que ele supostamente lhe ensinou. Nesse caso, o normal é que ela tenha certa rejeição ao fato de receber, pois o preço é a própria anulação. Não conheço Meghan, não falei pessoalmente com ela, mas posso apostar que isso está relacionado ao Megxit, ou seja, o fato de o casal ter se retirado de seus deveres como membros da família real britânica, ter ido viver nos Estados Unidos e se manter financeiramente independente da Coroa. Talvez, para eles, fazer parte dessa família implicasse pagar um preço muito alto.

Há pessoas que, ao contrário de Meghan, têm dificuldade para dar porque pensam que o que têm a oferecer não estará à altura do que o outro merece ou por não criarem um vínculo no qual o outro sinta a pressão de ter de restituir.

> O importante é dar-nos conta do que nos domina
> em cada momento, se o dar ou o receber,
> e equilibrá-lo.

Se marcamos de encontrar alguém perto de sua casa, não parece lógico que, além disso, nos ofereçamos para pagar o jantar; isso seria dar mais do que receber. Às vezes, pode ser suficiente que o outro agradeça nosso ato para considerarmos que já foi compensado, mas é preciso que haja uma manifestação explícita para que as coisas não sejam dadas como certas. Do contrário, corremos o risco de que o outro nem se dê conta e pense que o marcador está zerado. Para que a relação funcione, ambas as partes têm de ser reconhecidas, e tudo o que fazem pela relação deve ser levado em conta. Somente assim se verão compensadas.

As pessoas que aceitam um salário inferior ao que merecem acabam se relacionando mal com seu emprego, pois sentem que o que dão e o que recebem não está nivelado. Esse tema pode ser transposto a todos os âmbitos, e é extraordinário quando alguém toma consciência disso e começa a mudar.

> As relações melhoram da noite
> para o dia quando os vínculos
> se tornam justos.

Se existe essa ferida da injustiça, talvez tenhamos vivido situações nas quais o que dávamos não era valorizado, premiava-se mais um irmão do que outro, ou estávamos no meio de um conflito. Em outras palavras, qualquer tipo de recordação na qual o desequilíbrio ou a injustiça foram protagonistas. Pode ser até nossa pulsão interna perder as estribeiras quando vemos um tratamento desigual. O caso é que, embora a pessoa não tenha culpa do que lhe aconteceu, tem a responsabilidade de curar essa ferida para ser feliz. Talvez Meghan tenha vivido situações nas quais não podia lidar com a pressão por parte de seu pai, da mídia ou sabe-se lá do quê. O importante é que tomou medidas para criar uma vida na qual os membros do casal pudessem equiparar-se, ver-se como iguais e trabalhar juntos por uma meta em comum.

A LEI DA ATRAÇÃO NO AMOR

A lei da atração é própria de Libra, porque iguala o que damos e o que recebemos. Em outros termos, segundo essa lei, atraímos o que somos (e não o que queremos); portanto, o que damos é o que receberemos. Se damos a partir do ego e não a partir do coração, atrairemos pessoas que não valorizarão o que lhes damos. Se adulamos alguém só para transmitir uma boa impressão, a relação não irá para nenhum lado, pois o elogio não vem da alma, mas da mentira. E o que é a mentira senão uma afirmação dita a partir do medo?

> Onde o medo está presente,
> o amor não pode ser um intercâmbio equilibrado.
> E sem equilíbrio é difícil que haja bem-estar.

Quando nos equilibramos internamente, começamos a ter relacionamentos que nos satisfazem de verdade. Isso acontece quando nos desvelamos por quem faz o mesmo conosco e nos afastamos dos lugares onde não há reciprocidade.

Quem tiver essa Lua deverá conseguir criar essas dinâmicas no dia a dia; assim, recuperará o volante para dirigir-se à ansiada aliança de noivado (ainda que ela seja apenas simbólica, se é que você me entende).

Tendo chegado a esse ponto, as pessoas com essa Lua já não terão que adular todo mundo para tentar causar uma boa impressão, mas serão capazes de ver o lado bom em quem estiver à sua frente e elogiá-lo de coração. (Vale lembrar que todos gostamos de estar com alguém que nos veja, nos valorize e nos elogie.) Sendo amáveis, educadas e muito diplomáticas, farão com que qualquer um se sinta bem a seu lado, desfrutando da companhia mútua. Deixarão de se ajustar para agradar aos outros e darão importância à imagem pelo puro prazer de se verem bem, sem se esquecerem de que a verdadeira atração se produz pelo que elas têm em seu interior.

> Comprometer-se com alguém apenas
> por causa de sua aparência seria como comprar
> um livro apenas por causa da capa.

Quando os nascidos com a Lua em Libra sabem realmente quem são, a dúvida se dissipa, e a necessidade de aprovação e aconselhamento surge pelo mero prazer de compartilhar. O amor, caro leitor, é tudo menos dúvida. No amor, as coisas precisam estar claras e, para tanto, temos de decidi-las antes de sair de casa. Do contrário, estaremos sujeitos ao que nos acontece quando nos deixamos assessorar em uma loja de roupas: acabamos comprando coisas de que não precisávamos e voltamos para casa sem a peça que procurávamos.

Agora sim, com o objetivo claro, a aparência bem-cuidada e formas dignas de William Shakespeare, as pessoas com a Lua em Libra deixarão para trás a ferida da injustiça e se revelarão o negociador nato que trazem em si, criando ambientes nos quais todos (e elas também) se sintam à vontade e o amor seja servido em bandeja de prata.

Medo:	Solidão
Apego:	Agradar
Reação:	Dependência
Aprendizado:	Dizer não
Potencial:	Equilíbrio

CÓDIGO 8

Lua em Escorpião e o medo de confiar

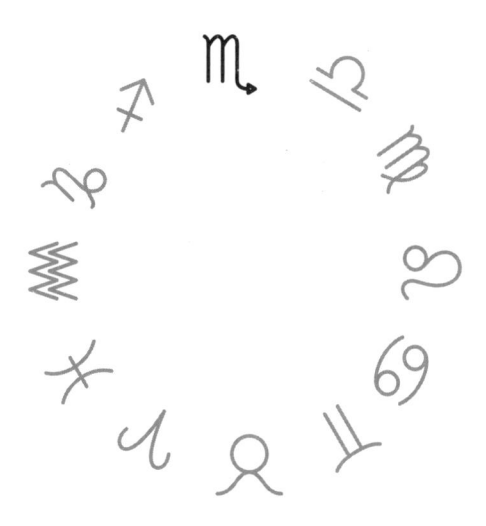

(Lua em Escorpião na casa 8, ou em tensão com Plutão)

> Com meias-tintas, não se escrevem grandes histórias.

NOIVA EM FUGA

Certa vez, uma moça veio me consultar e me contou que seus pais tinham uma relação um tanto peculiar. Era um relacionamento aberto, e às vezes convidavam mais pessoas para dormir com eles. Ela era pequena e não conseguia entender do que se tratava, mas o que teve de entender foi que seu pai não voltaria quando se apaixonou por uma dessas amantes e partiu. Celia tinha 7 anos.

Quando cresceu, teve vários relacionamentos. Com o primeiro namorado, um motociclista viciado em maconha, ficou um ano e meio, casou-se em Las Vegas, em um arroubo durante uma viagem que fizeram para lá, e se divorciou após três meses. Ainda tem uma tatuagem com o nome dele (as tatuagens são bem características dos escorpianos), mas mandou desenhar uma gaivota por cima, para disfarçar. Do segundo namorado – bem, na realidade, não sei se ele pode ser chamado assim –, ela ficou grávida no mês em que se conheceram. Quando ele soube, disse a ela que não queria o filho, mas que aceitaria se ela o quisesse. Celia decidiu levar a gravidez adiante, e ele a deixou. Em seguida, ela teve um relacionamento com um fotógrafo que viaja pelo mundo e que nunca lhe permitiu conhecer a própria casa. Para mim, ele tinha outra família ou escondia um morto, pois não dá para entender essa preocupação em preferir pagar um hotel a convidá-la para dormir em seu quarto.

Saíram por um ano e se separaram porque ele estava tendo um caso com uma modelo.

Nessa época, ela conheceu um sujeito que lhe agradava bastante, um auxiliar de dentista lindo de morrer que se ofereceu para ensiná-la a patinar, e a magia surgiu. Mas ela não queria um relacionamento, fugia deles com pavor; preferia que cada um vivesse na própria casa e se visse apenas pontualmente, sem compromissos nem planos para o futuro. Ele se sentiu frustrado, porque queria apostar na relação.

Embora à primeira vista Celia tivesse medo de compromissos, isso não era devido ao apego à liberdade nem ao medo de ser abandonada, e, sim, porque, para ela, o amor caminha junto com a dor. Tem a Lua em Escorpião em quadratura com Plutão.

Sua primeira recordação de amor foi uma mãe que aceitou uma relação aberta, embora na realidade não a quisesse; como se não bastasse, o resultado foi desastroso. Além disso, quando ficaram sozinhas, mãe e filha se tornaram inseparáveis, a ponto de se sentirem sufocadas com a presença constante uma da outra. Às vezes, as mães podem ser muito tóxicas quando criam uma dependência muito grande em relação aos filhos. Celia havia criado certa comodidade ao ter de "aguentar" situações desagradáveis com o amor como desculpa. Para ela, o afeto não era o dos filmes românticos, mas um seguro garantido de sofrimento.

Seus namoros nunca davam certo porque ela havia decidido fugir de toda forma de relação. Atraía homens casados, que não se apaixonavam por ela ou que não queriam muito compromisso;

assim, sofria e validava sua crença de base. Até que o auxiliar de dentista a pôs contra a parede. Ele não pretendia deixá-la nem tinha outra mulher, tampouco temia o compromisso; ao contrário, cuidava dela e confiava nela. Mas a cabeça de Celia entrava em curto-circuito, pois, em seu universo, quando as pessoas amam, machucam. De que tipo de universo vinha aquele rapaz? Será que não conhecia as regras do jogo? Se não quisesse perdê-lo, ela teria de começar a mudar as regras, teria de começar a trabalhar sua rejeição ao amor.

Essa história é absolutamente verídica em cada um de seus detalhes, exceto pelo nome da protagonista. E com isso não estou querendo dizer que todas as pessoas com essa Lua têm esses antecedentes, mas quero que se entenda que, quando alguém tem más referências, é muito fácil que não consiga confiar no amor. Apesar disso, todos temos a pulsão de buscar afeto nos outros e, muitas vezes, quanto maior tiver sido o sofrimento de uma pessoa, mais desesperadamente ela buscará o afeto. Vale observar que Celia engravidou no mês em que conheceu um homem e levou a gravidez adiante, e seu primeiro casamento foi com alguém com quem se relacionava havia menos de um ano.

Existe uma paixão irrefreável para buscar a todo custo o que, no fundo, não se viveu, e esse desespero faz que a pessoa viva o vínculo com tanta força que acaba perdendo a perspectiva.

Se recordarmos a teoria dos eixos, veremos que Escorpião se opõe a Touro e, portanto, estamos na tensão entre dor e prazer. Se a Lua em Touro se apegava ao prazer e tinha dificuldade para se conectar com a dor, aqui a zona de conforto está em sentir certo incômodo, e a dificuldade está em relaxar e aproveitar.

Nesta seção, abordaremos a ferida da traição nas relações e seu melhor potencial, a entrega absoluta.

O MEDO DA TRAIÇÃO

Se buscássemos o exemplo de um personagem famoso (sei que você deve estar sentindo falta), poderíamos tomar o da cantora Katy Perry, que declarou ter tido pensamentos suicidas depois de romper sua relação de dois anos com seu primeiro marido e após sua primeira separação de Orlando Bloom, com quem está casada. Esse vínculo tão forte em uma relação de pouco tempo é típico de uma Lua que vai de zero a cem, de tudo ou nada, e que, obviamente, sem um pouco de ordem, pode ser uma autêntica montanha-russa emocional.

Há pessoas que, como Celia ou Katy, tatuaram na alma que o amor dói. Sem dúvida porque, em algum momento, sentiram dor, e essa memória continua com elas, ou porque alguém lhes explicou que as coisas são assim. Vivem protegendo-se e assumindo a presunção de culpa de todos que se aproximam delas. A origem disso pode estar no temperamento muito forte da mãe ou nas lembranças de uma situação abusiva. Também pode não ter acontecido nada e se tratar simplesmente da natureza das pessoas. O leque é imenso, cada um conhece sua história.

Para algumas pessoas, confiar não é seguro porque acreditam que entregar-se aos braços do outro é uma temeridade, e acabam entrando em alerta quando se relacionam. Assim se cria a ferida da traição, em especial quando Plutão está interagindo em tensão com a Lua.

> A resistência à intimidade vem
> do medo do que nos podem fazer.
> E a confiança é irmã do amor.
> Sem ela, não podemos criar vínculos.

Quando uso o termo "intimidade", não estou me referindo ao sexo; trataremos dele mais adiante. Refiro-me à confiança absoluta de sabermos que estamos com alguém que pode conhecer todas as nossas vulnerabilidades, físicas e emocionais, e termos a certeza de que nunca as usará contra nós. Isso é confiança, isso é amor.

Quem fecha a porta à sua intimidade para que não lhe façam mal também impede que o conheçam de verdade e, por conseguinte, faz que seja quase impossível criar um vínculo. Como quando um preso é visitado na prisão por seus familiares. Nunca estive em uma prisão, mas vi a série *CSI* inteira, e nela os internos são separados dos visitantes por um vidro. Assim, se alguém tentar atacar a outra pessoa, o vidro atua como barreira. Essa é uma boa medida preventiva, mas impede que o familiar abrace e beije o detento, e essa é a verdadeira condenação, pois ninguém consegue viver sem afeto.

> Embora acreditemos que estamos nos protegendo, o excesso de barreiras freia a oportunidade de nos conhecermos em profundidade.

Pode haver quem tenha uma recordação na qual alguém em quem confiava lhe fez mal, ou até quem pense que a própria vida, quando menos se espera, lhe dá uma bofetada que o deixa torto. Mas se acreditarmos que tudo será sempre assim, estamos fazendo o curativo antes da ferida, e a única coisa que conseguiremos é fechar as portas para o fluxo do amor. Como disse a psiquiatra Elisabeth Kübler-Ross, nossos medos não evitam a morte, freiam a vida.

SEXO, TERAPIA E MUITOS SEGREDOS

Nesse contexto, se alguém quiser abrir as portas ao amor, não lhe restará alternativa a não ser aprender a confiar ou viver eternamente como Julia Roberts em *Dormindo com o Inimigo*. E se quisermos confiar, a primeira coisa que temos de fazer é conhecer a outra pessoa. Existem muitas formas de conhecer bem quem temos à frente, mas Escorpião usa especialmente três para alcançar seu objetivo: tirar a casca e chegar ao interior. Somente quando conhecemos alguém a fundo é que podemos decidir se envidaremos todos os esforços pela relação ou não. Fazê-lo antes seria uma verdadeira temeridade. Vamos lá, então.

A primeira estratégia é levar a outra pessoa ao limite, pois, para ir ao cinema ou tomar um café, qualquer um serve. Em compensação, quando submetemos o outro a uma situação delicada, começamos a ver o que há por trás da aparência. Falar de algo incômodo ou compartilhar uma situação delicada pode revelar a identidade. Nesses momentos, vemos de verdade se o outro é dado a fazer tempestade em um copo d'água ou se forma conosco uma boa equipe, se abandona o barco diante da menor dificuldade ou dialoga com maturidade.

> O apresentador Pablo Motos, que tem a Lua em Escorpião,
> disse em uma entrevista: "Você não encontrará
> aventura mais apaixonante na vida do que
> conhecer a si mesmo a fundo. E, para tanto,
> é preciso ir ao limite, a zonas
> de desconforto, para ver como você reage.
> Esse é você".

Quem tem essa Lua estica a corda ao limite para ver como é o outro e como é a relação que está sendo criada. É um pouco drástico, sim, mas o ideal é que não reste nenhuma dúvida, e o contraste nos ajuda a conhecer. Quanto mais a situação for levada ao limite, mais clara ela será. Os nascidos com essa Lua costumam ser pessoas tímidas; não se espera que ergam a mão no meio de uma aula para falar de si mesmos nem que se abram facilmente no primeiro encontro. São conscientes de que, ao se mostrarem, se delatam. Precisam de muita intimidade para que realmente se sintam confortáveis e possam relaxar. Por isso, às vezes parecem distantes, tímidos ou até frios. Trata-se apenas de uma barreira inicial. Quem conseguir superar essa fronteira contará com cem por cento de sua entrega, seu apoio e sua lealdade. É um pouco como a máfia: se você estiver dentro, darão a vida por você, mas se estiver fora, permanecerá muito distante de seu amparo. Pedem muito, mas também dão muito. Por isso, é bom que vão devagar e desconfiem; não querem correr o risco de o tiro sair pela culatra.

A segunda forma de desvendar alguém é por meio do sexo, entendido não apenas como prazer corporal, mas também como delator. Vendo como alguém se comporta na cama, podemos deduzir como fará fora dela. Se é generoso, se dá prazer apenas para alimentar seu ego, se faz malabarismos ou se se concentra na conexão entre ambos, tudo isso nos diz muito. Além disso, se conseguirmos analisar como nos sentimos depois de uma relação sexual, teremos uma informação muito valiosa sobre as dinâmicas ocultas da referida relação.

A sexóloga Lara Castro define o sexo como o abraço entre o mundo interior das pessoas. Se analisarmos como são nossas relações sexuais, de onde as temos e para quê, aprenderemos muito sobre nossa condição de parceiro ou parceira.

Quem tem a Lua em Escorpião leva a fama de ser muito sexual; na realidade, busca descobrir-se e descobrir.

E depois há a terceira forma, que é a terapia. Enquanto alguém não for por conta própria ao fundo do poço e descobrir sem medo tudo o que há em seu interior, continuará temendo o mesmo nos outros. Se alguém não confia nos outros é porque, na realidade, não confia em si mesmo. Ficou surpreso, não é? Volte a ler isso se necessário, porque esse clique é importante.

Ninguém causa mais dano do que quem se protege do dano que podem causar a ele, pois, nesse escudo, sem querer a pessoa perde empatia, compaixão e afeto. É como se pedíssemos a uma mãe para compreender o agressor de sua filha. Impossível, sua dor não o permitirá, e a comunicação entre ambos será inviável. Até ela se dar conta de que também fez mal a outras pessoas. Então, poderá aproximar-se minimamente desse mal, e o diálogo poderá começar. Somos todos vilões na história de alguém.

Com isso, não quero assustar ninguém. Minha intenção é refletir sobre o perigo de nos relacionarmos sem conhecer bem nossos aspectos negativos.

Além do mais, voltando ao fio condutor deste capítulo, parte da terapia consiste em ver o que somos capazes de fazer para que nossa vida ganhe emoção. Muitas vezes, as pessoas com essa Lua mantêm relações instáveis, com muita preocupação ou crises constantes. E o motivo é o seguinte: enquanto houver dor, haverá intensidade.

O sofrimento causa dependência porque
faz que nos sintamos vivos.

Podemos desarmá-lo buscando essa intensidade de maneira construtiva, por exemplo, conhecendo a nós mesmos por meio da terapia (algo desagradável, mas muito libertador), sendo cúmplices secretos do outro (algo arriscado, mas que cria muita proximidade), experimentando um nível sexual ou qualquer caminho que encontremos para buscar uma emoção extrema, que alimente o coração, e não a preocupação.

COMO APRENDER A CONFIAR

Aprender a confiar não é tão fácil como ler quatro frases encorajadoras ou fingir que todo mundo é bom por natureza. Há pessoas ruins e pessoas que nos prejudicarão mesmo sem intenção, e temos de nos resguardar se não quisermos que tudo acabe mal. No entanto, uma coisa é enxergar isso, outra é partir da premissa de que todo mundo é assim, pois, nesse caso, a necessidade de controle extrapola, e magoamos os outros sem querer. Para confiar, é preciso desarmar o motivo pelo qual começamos a pensar desse modo. Trata-se de ver em que momento ele surgiu e por quem.

A maioria de nossos traumas
tem nome.

Quando o soubermos, poderemos diferenciar entre o que vem ou não de nosso escudo, pois, quando uma pessoa é enganada, ela acaba desenvolvendo ferramentas que não tinha para não passar por isso de novo – e, nesse momento, começa a parte boa.

O que começou como proteção se torna um grande talento para quem vê de longe as intenções de quem está à sua frente.

As crianças com essa Lua costumam ser tímidas, introspectivas e observadoras, pois estão desenvolvendo esse modo de ver o mundo. Observam a cena antes de entrar nela. E se fizéssemos o mesmo antes de entrar em uma relação? Primeiro investigar a pessoa, conhecer suas fraquezas e depois decidir se nos envolvemos ou não. Somente assim podemos ir até o fim, entregar-nos de corpo e alma, deixando que a paixão tome conta.

Antes de prosseguir, eu gostaria de esclarecer uma coisa. Quando nos protegemos de algo é porque não o conhecemos bem. Escorpião é o signo da terapia porque essa é a ferramenta do conhecimento humano por excelência, e por meio dela podemos nos aprofundar em tudo o que nos preocupa para nos tranquilizarmos.

Minha amiga Núria, com a Lua oposta a Plutão, disse-me certa vez, durante o jantar, que temia muito a morte porque gostava muito da vida, e eu lhe respondi que a morte dava sentido à vida. O fato de vivermos de forma finita é o que faz que cada dia seja importante e cada minuto mereça nossa plena atenção. Se vivêssemos eternamente, nada teria valor. Por isso, quem ama a vida ama a morte. Quem teme a morte é porque não conhece bem sua função.

Nas relações, acontece o mesmo. Se atraímos um parceiro ou uma parceira narcisista, por exemplo, temos de investigar o porquê. Mas não o aspecto superficial, como o de alguém muito bonito que nos conquistou por seu encanto, e, sim, o aspecto verdadeiramente profundo. Que parte de nós se sentiu atraída por tal pessoa. Quando a descobrirmos, ainda que nos custe três meses de terapia, poderemos desarmá-la e deixar de atrair esse tipo de pessoa. A elas e a qualquer um que se comporte de maneira semelhante. Assim, não apenas evitamos que a circunstância volte a acontecer, mas também aprendemos a antecipar as duplas intenções de quem se aproximar de nós. E isso dá muita tranquilidade e confiança a nós mesmos.

Pois bem, quando alguém vê as próprias fraquezas e as do outro, pode incluí-las no jogo e decidir se aposta nele ou não. Além disso, somente assim se pode construir uma relação cuidadosa, madura e de apoio mútuo.

Portanto, quem tem essa Lua consegue não se enganar na hora de apostar em alguém, pois já aguçou o olfato com base no autoconhecimento e no trabalho emocional. A essa altura, essas pessoas tímidas já se tornaram extremamente magnéticas porque dominam a arte de se mostrar até onde querem e de desnudar o outro apenas com o olhar. Podem decidir de quem vão ou não se aproximar, quem é importante ou não, onde investirão sua energia ou não. Portanto, quando tomam a decisão, podem entregar sua alma inteira e desfrutar do processo, pois já não há nada a temer. Nesse momento, começa a festa.

Quer venham de experiências difíceis, quer simplesmente sejam desconfiadas por natureza, o importante é que compreendam que a proteção é sua grande aliada e, ao mesmo tempo, sua grande inimiga.

Caso se fechem em sua concha para que não lhes façam mal, ninguém poderá conhecê-las direito, e será mais provável que sejam prejudicadas de novo, mesmo que seja apenas porque os outros não sabem como tratá-las.

> Faça o amor com sua sombra,
> assim, a luz nascerá em você.

Na justa medida, a desconfiança nos torna mais astutos e menos ingênuos. Por isso, se os nascidos com essa Lua aproveitarem essa peculiaridade de sua natureza, ganharão inteligência emocional e terão muita habilidade para ler as pessoas. Então, poderão relaxar e aproveitar, pois será menos provável que sejam enganados, e poderão entregar-se de corpo e alma (mesmo sabendo que a zona de conforto absoluta não existe). Suas relações serão muito mais seletivas, mas quem ultrapassar a barreira saberá que tem sorte, pois eles se mostrarão distantes com o mundo, mas muito dedicados aos seus.

Se curarem as feridas, será mais fácil criar novas relações, e não ficarão estagnados nas antigas apenas por elas serem um terreno seguro. O provérbio "mais vale um mal conhecido que um bem por conhecer" foi escrito por alguém com essa Lua. Mas todos sabemos que nem sempre isso é certo, e o excesso de apego impede que confiemos no desconhecido que está por vir.

As pessoas intensas o são para o bem e para o mal. Obcecar-se por uma meta é uma maravilha, pois predispõe o indivíduo a alcançá-la doa a quem doer, mas todos sabemos o que é ficar obcecado por alguém. Acaba fazendo mais mal do que bem.

A intensidade tem de ser produzida
com suavidade, aos poucos, sem tensão.

Escorpião rege a morte, e é preciso praticá-la para que ela se torne nossa aliada. Permanecer em um lugar onde se está mal é um ato de autodestruição. Em compensação, acabar com um relacionamento, uma etapa ou uma dinâmica é um ato de amor-próprio, pois sabemos que algo melhor está por vir. O vazio pode ser muito fértil.

Quando alguém elimina a dinâmica destrutiva, inicia do zero. Vi grandes histórias de amor com essa Lua, pois, quando se vivem dramas intensos, sabe-se o que é estar no fundo do poço e sentir-se maltratado. Por isso, sabendo o que lhe custou chegar a esse nível de maturidade, essa pessoa detectará com facilidade se o outro está no mesmo ponto. E, quando isso acontece, tudo ganha sentido, a ferida da traição fica para trás e dá as boas-vindas ao radar interno, que saberá se tem à sua frente a pessoa adequada ou não. Se for esse o caso, a pessoa com essa Lua valorizará o outro e o tratará como ninguém, com paixão e assumindo riscos por quem realmente vale a pena. A vida é dos que apostam, e o amor também.

Medo:	Traição
Apego:	Drama
Reação:	Intensidade
Aprendizado:	Relativizar
Potencial:	Resiliência

CÓDIGO 9

Lua em Sagitário e o medo da falta de princípios

(Lua em Sagitário na casa 9,
ou em tensão com Júpiter)

> Sem admiração,
> não há amor.
>
> — ALMUDENA GRANDES

O SEGREDO DO SUCESSO DE OPRAH

Com certeza você conhece a apresentadora norte-americana Oprah Winfrey, famosa por popularizar os *talk shows* ou programas nos quais pessoas comuns contam sua história na televisão. Embora atualmente sua vida seja rodeada de luxo, sucesso e poder, nem sempre foi assim. Filha de mãe solteira, foi criada no Mississipi, em meio à pobreza, e sofreu abuso sexual e violações durante a adolescência. Uma delas a deixou grávida aos 14 anos, e o bebê morreu pouco depois de nascer. Em seguida, foi morar com o pai e começou a trabalhar como locutora na rádio local, enquanto estudava para se tornar a jornalista que é hoje.

Sua história me interessa não pelo drama em si, mas porque, apesar de tudo o que lhe aconteceu, ela nunca perdeu a fé em si mesma, e essa foi a chave para ela chegar aonde chegou.

> Quem tem a Lua em Sagitário conta
> com a virtude de redefinir tudo o que lhe acontece
> e transformá-lo em força para criar oportunidades.

Oprah tem a Lua em Sagitário, o signo da fartura e da prosperidade. É mais famosa que a cantora Rosalía, e as futuras mamães acendem velas para que seus filhos tenham essa mesma característica em seu mapa. Mas, como sempre, nem tudo o que reluz é ouro; quando Júpiter, seu planeta regente, exerce tensão na Lua, a história muda, e o desejo de que tudo corra bem se torna uma necessidade forçada, e não uma realidade criada.

É importante que aprendam a questionar tudo o que lhe acontece, que procurem até encontrar sua própria explicação das coisas e tirem sua conclusão, pois não é à toa que esse é o signo de engenheiros e filósofos. A própria Oprah é uma das ativistas do famoso movimento #MeToo contra o abuso sexual. Chegou até a criar uma escola para meninas na África do Sul. Para ela, o que lhe aconteceu serve como inspiração no momento de concentrar-se em sua carreira e em sua vida. Além disso, alcançou o auge de sua popularidade quando deu um carro de presente a todos que assistiam a seu programa, membros de famílias desfavorecidas.

> Esta Lua encontra segurança em ter
> os valores muito claros e em sentir que sua vida
> e suas relações se baseiam nesses
> princípios éticos e morais.

Seu companheiro não poderia ficar à margem de tudo isso. Stedman Graham, marido de Oprah, com quem ela está casada há mais de 35 anos, escreve livros de autoajuda e, no passado, estudou Ciências Sociais. Fica claro, pelo menos a partir de fora, que uma das coisas que une esse casal são os valores éticos em comum.

Para criar esses princípios que nos guiam, antes teremos de analisar as crenças das quais partimos. Nesta seção, trataremos da importância de conhecer as origens de nossos pensamentos e como o excesso de apego a eles nos impede de enxergar quem tem uma opinião diferente.

Vale lembrar que Sagitário é o signo oposto a Gêmeos; portanto, estamos no eixo do conhecimento e das ideias. Se o primeiro tendia à dispersão e ao excesso de possibilidades, no segundo o pecado é a falta delas, a obsessão, o dogma ou a visão tubular da realidade. Veremos como modificá-lo até chegar a seu máximo potencial – a abertura mental, a fé na vida e a confiança em si mesmo. Pegue sua passagem, pois já vamos partir.

AS CRENÇAS GERAM REALIDADES

Vamos nos aprofundar um pouco mais no tema das crenças, pois elas são um dos pilares para entender como essa Lua se relaciona.

Normalmente, quando alguém dá muita importância à moralidade, é porque tem uma ferida relacionada a ela, como no caso de Oprah. Por isso, no momento de se relacionar, essas pessoas precisam saber que estão com alguém que tem princípios parecidos com os seus e que está disposto a lutar para defendê-los. Embora haja casais em que cada um pode votar em um partido contrário, ou um pode ser vegano e outro, carnívoro, com essa Lua isso não é possível.

A quem tem a Lua em Sagitário,
suas crenças lhe dão tranquilidade, e sentir que
está fazendo a coisa certa é sua base emocional.
Outra coisa é definir o que é correto ou não.
Aqui começa o verdadeiro jogo.

Quem tem uma ideia bem estabelecida se sente confortável, pois ela lhe serve como guia, foco e direção. Por exemplo: se alguém considera que a amizade vem em primeiro lugar, pode estabelecer prioridades com facilidade, como criar um projeto com colegas antes de ter um filho ou procurar um parceiro ou uma parceira que valorize suas amizades. Se a pessoa tiver princípios claros em mente, tudo se ordenará ao redor deles.

Antes de prosseguir, talvez seja interessante esclarecer que uma crença é uma ideia que, para nós, constitui uma verdade absoluta. Por exemplo: "estar solteira é ruim", "sair com um arquiteto é melhor do que sair com um jardineiro", "ter um trabalho estável é melhor do que ter um inconstante", ou seja, tudo o que nossa mente rotula como bom ou ruim ou com qualquer outro conceito que acrescente ou subtraia valor. As crenças que nos freiam são limitantes. Aquelas que nos ajudam são potencializadoras ou expansivas. Vamos em frente.

Para entender por que uma crença se forma, temos de saber que nosso cérebro é preguiçoso. Bem, não que ele goste de se acomodar sem mais nem menos, mas tem de prestar atenção a muitas coisas importantes, como nos manter vivos. Por isso, tenta seguir a lei do mínimo esforço em relação a tudo o que não considera primordial. Então, quando uma mulher teve um pai ausente, o mais fácil é que pense que todos os homens são ausentes. O passo seguinte será procurar homens que de fato sejam ausentes para ela, assim, seu cérebro relaxará, entendendo que a premissa criada é correta e que ele não precisa trabalhar mais. Por acaso os eleitores de direita leem jornais de esquerda? Claro que não! Leem jornais que representam sua ideologia para acreditarem que têm razão e que não precisam se questionar a respeito de nada. Para a mente, isso é fácil, cômodo e requer menos energia.

> O cérebro busca situações que revalidem
> o que ele já pensa para não gastar energia.
> As crenças se transformam em dogmas,
> e as feridas se eternizam.

Desse modo, já sabemos o que vem depois. Temos de romper nossas crenças limitantes e pôr nosso cerebrozinho para funcionar a golpes de realidade. Os juízos que emitimos sobre as coisas, para além da raiva ou da graça que possam nos causar, prejudicam quem os emite porque lhe tira a oportunidade de ver cada pessoa como um indivíduo, distante do que seus semelhantes puderam fazer anteriormente. Ao darem as coisas por certas e não permitirem que a realidade se imponha, as crenças impedem que o intercâmbio se produza. Assim, não há crescimento, expansão nem nada do que esse signo busca na realidade.

> O fato de a base emocional estar na geração
> de crenças nos predispõe a ver o outro como
> o prejulgamos, e não como ele é de verdade.

Existe um conceito chamado "arrogância intelectual", que nada mais é do que acreditar que nossa verdade é a absoluta. Isso não quer dizer que nossa verdade não esteja certa para nós. É claro que alguém pode acreditar firmemente em algo porque o experimentou na própria pele ou porque o vê muito bem, mas isso não significa que funcione do mesmo modo para as outras pessoas.

> Se não conseguirmos nos conectar a opiniões contrárias às nossas, não seremos capazes de ver quem as defende. E se não virmos o outro, não poderemos nos relacionar, apenas julgar e atacar.

Tenho a Lua em tensão com Júpiter e me lembro de quando, em minhas aulas, contava que os bons parceiros se conhecem tarde. Como em tudo na vida, ninguém nos ensina a amar, aprendemos à medida que avançamos e erramos – pelo menos, era o que eu pensava. Conheci o homem da minha vida aos 34 anos, tendo uma lista interminável de fracassos amorosos em meu histórico. O mesmo havia acontecido com ele, de modo que juntos chegamos à conclusão de que nossa boa sintonia vinha do fato de termos alcançado a maturidade emocional depois de muito apanhar. Eu vivia feliz, descansando em minha premissa perfeita, corroborada por minha experiência, até que em uma de minhas aulas uma moça contestou e me contou a história de seus pais, que tinham se conhecido aos 16 anos e formavam o casal mais harmônico que ela havia conhecido. Sem dúvida, nós duas tínhamos razão, só que cada uma tinha sua versão. O encontro ocorreu quando, em vez de querer ser donas da verdade, simplesmente tentamos nos ouvir e aprender.

> Aprendemos quando deixamos de querer ter razão.

Isso me ajudou a ver que não existe uma maneira única de fazer as coisas e que muitas vezes pecamos ao tentar ensinar aos outros ou atraí-los para nosso lado, pensando que ele é o correto. Um erro crasso.

Considerando que o que me interessa é saber como funciona o amor, o melhor que posso fazer é me abrir para todas as suas formas e aprendê-las, até poder tirar conclusões mais profundas.

Se alguém com essa Lua está tendo dificuldade para encontrar sua alma gêmea, ou se a que tem não o satisfaz, deve perguntar-se quais são suas crenças a respeito dela. Por exemplo: "O que é uma alma gêmea para você?". Ou: "Quais são suas primeiras lembranças em relação ao amor?". Perguntas como essas podem ser muito reveladoras.

> A base para curar a Lua em Sagitário
> é analisar as crenças que existem
> sobre o amor.

Quem tem essa Lua deveria rodear-se de pessoas que pensem de maneira diferente, viajar muito e interessar-se por temas que não conhece. Eis que nos deparamos com as viagens! Esse é um tema crucial para essa Lua, e justamente por isso creio que mereça um capítulo à parte. Que ninguém viaje sem ler o que vou explicar a seguir, pois ser um pequeno Phileas Fogg* tem lá sua importância.

AS MELHORES VIAGENS SÃO SEM BAGAGEM

O tema das crenças e das viagens estão mais inter-relacionados do que aparentam. Se repararmos em nossa mente, veremos que nela convivem dois tipos de crenças: as que criamos a partir de nossa experiência de vida e as que herdamos de nosso ambiente.

---

* Protagonista do romance *A Volta ao Mundo em Oitenta Dias*, de Júlio Verne. (N. da T.)

No que se refere às primeiras, precisamos nos conscientizar de que as temos, avaliar em que base foram criadas e mudá-las. Se nosso primeiro parceiro nos deixou porque nossos seios são pequenos, o mais provável é que tenhamos construído a crença: "Eu deveria ter seios maiores". Por isso, temos de procurar argumentos que levem nossa mente aonde queremos que ela vá para recuperarmos a autoestima e nos livrarmos do complexo que sem dúvida essa experiência criou. Se observarmos os seios levando em conta sua utilidade, veremos que não foram feitos para ser objeto de sedução, mas para alimentar um bebê e, para tanto, seu tamanho é irrelevante. Ao fazermos isso, invertemos automaticamente a crença, a fim de definir o que queremos como seios perfeitos. Então, sim, podemos procurar alguém que compartilhe dessa crença.

> Devemos treinar a mente para que ela pense o que quisermos, e não o que as experiências nos levaram a acreditar.

As crenças limitantes herdadas são as que temos em mente porque as ouvimos de outra pessoa e acabamos acreditando que são adequadas. Se desde a infância nossa mãe nos diz que ser solteira é algo negativo, quando estivermos nessa situação faremos de tudo para sair dela. Por exemplo, vamos nos relacionar com o primeiro que encontrarmos, pois, para nossa mente, estar com alguém é melhor do que estar solteira.

No entanto, nossos pais não são os únicos a nos influenciar. Também herdamos ideias de nosso país e de nosso entorno. Como catalã, tenho certos costumes que condicionam minha forma de pensar e que são diferentes dos de uma valenciana, por exemplo.

Como espanhola, meus costumes são diferentes dos de uma francesa; como europeia, diferentes dos de uma americana e, como ocidental, diferentes dos de uma oriental. Podemos ir do micro ao macro. Por exemplo, por eu ter sido criada em um país monogâmico e católico, as relações a três me causam certa rejeição. Não digo que não haja quem as receba de bom grado, mas, como regra geral, no ambiente em que vivo, o pior que se pode fazer a um parceiro é pôr nele um par de chifres. Em compensação, se eu tivesse nascido em um país árabe poligâmico, estabelecer uma relação com vários membros seria uma possibilidade.

> Sagitário é atraído por quem se atreve
> a pensar por si mesmo e o encoraja a
> buscar sua própria verdade.

Daqui vem a importância de viajar. E não me refiro a ver quão bonita é a Torre Eiffel nem a passear na Quinta Avenida em Nova York, mas a ver o mundo, procurar o choque cultural e abrir os olhos para realidades distintas das que vimos em casa. E isso, a bem da verdade, pode ser feito do sofá, quando assistimos a documentários ou lemos. O que procuramos é a viagem interior, a que abre nossa mente e nos ajuda a ver o que queremos ver, e não o que colocaram à nossa frente para que víssemos. Somente assim poderemos criar o tipo de vínculo que quisermos, em vez de tentarmos nos enquadrar nas opções que nos deram desde o início.

> Algumas pessoas podem nos fazer
> viajar para bem longe, estando muito próximas de nós.
> É só uma questão de encontrá-las.

UM CAMINHO PARA A FARTURA

Esse signo funciona como a loteria. Qualquer pessoa a quem perguntássemos se gostaria de ser sorteada responderia que sim, como todo mundo. Mas com certeza você já deve ter lido na imprensa a típica notícia de famílias que, dez anos depois de terem tido essa sorte, ficaram mais pobres do que antes do incrível sucesso. Porque é preciso saber lidar com o dinheiro, e quem não o administra bem quando não o tem tampouco o fará quando o tiver. Com a prosperidade, as coisas funcionam do mesmo modo.

> A fartura não é uma resposta
> de felicidade perante o êxito externo,
> mas uma eleição interna mesmo quando
> as coisas dão errado.

Quem tem a Lua em Sagitário precisa sentir que a vida é uma loteria constante, viver em grande estilo e instalar-se em sua emoção de base: a alegria. Se abrirem um pacote de biscoitos, só pararão de comer quando os biscoitos acabarem, e se apostarem na bolsa de valores, investirão uma boa quantia. Mas cuidado! Oprah chegou aonde chegou porque confiou em si mesma, apesar de todas as circunstâncias, mas tão importante quanto alcançar o topo é saber onde está o limite prudente das coisas. Do contrário, podemos acabar fazendo promessas que não podemos cumprir ou transformar as expectativas em exigências.

Se isso acontecer, em vez de nos unirmos ao parceiro, vamos nos distanciar dele, pois entraremos nos terrenos pantanosos da decepção ou da frustração. Como essa Lua é viciada em boas vibrações, fará de tudo para recuperar seu ansiado estado de felicidade, procurando uma boa festa, empanturrando-se com alguma coisa ou indo para longe a fim de manter distância. E isso, mais do que uma loteria, é uma roleta-russa.

> Muitas pessoas vivem decepcionadas com a vida e viajam para fugir de uma realidade que não sabem administrar.

Aqui reaparecem nossos amigos, turistas eternos. Já vimos que gostam de viajar para abrir a mente e acabar com crenças limitantes, mas há uma linha muito tênue entre mover-se para buscar um objetivo e escapar. Antes de planejarmos viajar por seis meses pelo Sudeste Asiático ou irmos viver em Londres, seria interessante ver quais são nossos problemas e resolvê-los. De nós mesmos não podemos fugir e, aonde quer que formos, nossos problemas internos irão conosco.

Não digo que viajar ou ir morar fora seja bom ou ruim, apenas ressalto a importância de saber a partir de onde se está tomando essa decisão. Existe um truque para descobri-lo. Se o destino for claro, possivelmente cumprirá um objetivo. Em outras palavras, se alguém gosta de cinema e sua prioridade é sua profissão, faz sentido que vá viver em Los Angeles, mas, se no fundo lhe for indiferente ir para os Estados Unidos, para Cuba ou para Londres, é provável que não saiba o que está buscando no destino e esteja fugindo do ponto de partida.

> Mover-se é fácil, difícil é saber o que estamos buscando com esse movimento.

Antes de viajar, de viver de excessos ou de agarrar-se a uma última esperança, vale a pena perguntar a nós mesmos o que está errado. E, em vez de procurá-lo por meio de ações externas, lembremos que a melhor viagem é a que se faz para dentro e que a fartura é uma atitude interna, não um resultado externo. Recuperar os valores que queremos tributar com nossa existência poderia ser um bom guia. Cabe nos perguntar que tipo de pessoa e parceiro queremos ser e como podemos levar a cabo esse propósito no dia a dia. Assim, o companheiro poderá transformar-se em alguém que nos ajudará a criar um tipo de vida na qual saberemos que, independentemente do que tiver acontecido conosco, tudo poderá ser superado e conseguido. Nas palavras da própria Oprah, "a melhor descoberta de todos os tempos é que, para transformar seu futuro, basta que a pessoa mude de atitude".

COMO DESPERTAR O MESTRE INTERIOR NO RELACIONAMENTO

Li em muitos lugares que é perigoso confundir amar com admirar. Se colocarmos o outro em um pedestal, colocaremos a nós mesmos em uma posição inferior. Além disso, se evoluirmos e conseguirmos alcançar seu nível, o motivo da união se perde porque a admiração desaparece. Não sou muito amante dos totalitarismos e creio que, com esse signo, é quase impossível não confundir amor com admiração. Se tivermos o cuidado de não ultrapassar a linha que nos situa muito abaixo, está claro que aqui a união se produz no terreno intelectual; por isso, é comum nos apaixonarmos por professores ou mestres de vida que encontrarmos pelo caminho. Como já expliquei, esse signo precisa fazer um bom trabalho com a mente e valorizará quem o ajudar a fazê-lo.

> Os que têm a Lua em Sagitário sucumbirão
> à sedução de quem provocar
> a evolução de suas ideias.

Eles vão adorar criar essa visão panorâmica, própria dos sábios, para contemplar a vida a partir de um lugar mais evoluído. Aqui já aparecem as incompatibilidades dedutíveis. Se o outro não lê uma única página e filosofar sobre a vida o aborrece, tem tudo para ser despachado em um piscar de olhos.

Com essa Lua, o parceiro ou a parceira tem precisamente a função de ajudar a buscar essa verdade completa sobre as coisas que só se consegue com o diálogo e o aprendizado mútuo. Os nascidos com ela querem ver a vida e os sentimentos com a perspectiva das leis superiores e analisar tudo o que lhes acontece como um passo para chegar a estágios elevados de consciência.

> A verdadeira e única aventura se dá
> de mãos dadas e internamente.

Quando alguém adquire essa dinâmica é porque já superou a ferida, e a fartura pode ser lida a partir de uma perspectiva adulta, distante de quem procura um golpe de sorte ou que lhe aconteçam apenas coisas boas. Nesse momento, ela pode ser vivida com a sabedoria de quem sabe que, aconteça o que acontecer, tudo tem uma razão de ser.

O parceiro ou a parceira é quem nos ajuda a pensar grande de verdade, quem nos traz a sensação de coragem interna apesar dos pedágios que o caminho possa comportar. Queremos ter a nosso lado alguém com essa maturidade intelectual e emocional para sermos mestres um do outro e aprender a lição mais importante de todas: viver.

Medo:	Vazio ideológico
Apego:	Crenças
Reação:	Excessos
Aprendizado:	Prudência
Potencial:	Sabedoria

CÓDIGO 10

Lua em Capricórnio e o medo de não ser suficiente

(Lua em Capricórnio na casa 10, ou em tensão com Saturno)

> Tenhamos a coragem de amar a nós próprios, mesmo quando existir o risco de decepcionar os outros.
>
> — Brené Brown

A SÍNDROME DO IRMÃO MAIS VELHO DE ASHTON KUTCHER

Capricórnio é um signo ligado ao trabalho (como Virgem). Quando a Lua está nesse signo, mas sobretudo se estiver em aspecto tenso com Saturno, a pessoa em questão tem a sensação de que o amor é a recompensa que virá após algum esforço, como se se tratasse de um salário. Quanto mais fizer, mais terá. Nisso se cria a base para que quem tem essa Lua se encha de responsabilidades a fim de sentir-se mais querido.

Certamente você deve conhecer Ashton Kutcher, ator que namorou Demi Moore e atualmente está com Mila Kunis. Mas talvez você não saiba que ele tem um irmão gêmeo, Michael, que sofre de paralisia cerebral. Quando esse irmão tinha 13 anos, foi submetido a um transplante de coração. Ashton contou que, às vezes, ao sair da escola, demorava para ir para casa por medo de receber más notícias sobre o irmão e ver sua família arrasada.

> Algumas pessoas crescem acreditando
> que, com pouco afeto, retiram-se do centro das atenções e
> cedem essa fonte de amor a quem mais precisa.

Ashton tem a Lua em tensão com Saturno. Essa posição é típica de pessoas que sentem que tiveram de crescer antes do tempo ou que assumiram muitas responsabilidades. É como se, de alguma forma, dissessem aos outros que não se preocupem com elas e cedessem o foco de atenção a algo aparentemente mais importante, um irmão, no caso de Ashton. Certa vez, veio à minha consulta uma moça cuja mãe havia sido uma executiva de alto escalão. Ela me contou que o telefone, e não ela, era a prioridade da mãe. Esses dois exemplos nos servem para identificar um padrão no qual existem outros focos que monopolizam a atenção. Por conseguinte, essas pessoas aprendem a se autogerenciar mesmo não estando preparadas para tanto.

> Se você quiser destruir a autoestima
> de alguém, proponha-lhe um desafio que ele não possa
> alcançar ou uma responsabilidade que
> não possa assumir.

Aos poucos, acreditam que suas necessidades não são importantes e se desconectam delas. Afinal, de que adianta prestar atenção a elas se não serão atendidas? Nesse caso, quem tem essa capacidade de adaptação segue em frente sem incomodar muito, sem ser um fardo e sem desviar o ponto de atenção. Quando alguém cresce com excesso de responsabilidades, sente-se sozinho, e isso pode fazer com que, na fase adulta, tenha dificuldade para estabelecer relações porque, no fundo, nunca se sentiu protegido nelas.

Praticamente sem se dar conta, vai se acostumando a carregar tudo, e isso o transforma em um ímã que atrai pessoas que não querem crescer ou que se negam a se responsabilizar por sua vida e encontram nesse alguém o cabide perfeito onde dependurar suas mochilas. Em longo prazo, isso esgota qualquer um. Além disso, os nascidos com essa Lua podem preferir ficar sozinhos para não ter de carregar mais pesos. Você há de concordar comigo que, se normalmente é importante aprender a impor limites, nessas circunstâncias é quase uma obrigação.

Lembra-se de quando expliquei a Lua em Câncer e disse que os nascidos com ela têm dificuldade para crescer e acabam delegando sua segurança aos outros? Aqui estamos no signo oposto, pois o problema é o contrário: essas pessoas têm dificuldade para pedir ajuda e tendem a suportar mais do que podem.

Normalmente, buscam curar seus relacionamentos sentindo-se atraídos por pessoas que demonstrem maturidade, serenidade e responsabilidade, porque, de algum modo, elas as libertam. Seria uma casualidade o fato de o primeiro casamento de Ashton Kutcher ter sido com Demi Moore? Ele tinha 25 anos, e ela, 41. Obviamente, não sabemos se foram felizes ou não, mas me chama a atenção que alguém com essa Lua tenha escolhido como primeira relação séria uma mulher 16 anos mais velha que ele e mãe de três filhas. Teria ele procurado alguém que, acima de tudo, soubesse cuidar de si mesma? Quem sabe?

Neste capítulo, vamos falar da Lua em Capricórnio, desde sua reação mais imediata, a desconexão emocional, até seu maior potencial, a resistência. Como esse atributo afeta as relações? Vamos a ele.

SER O "GUIA" NÃO IMPLICA LEVAR A MOCHILA

Essa Lua, tal como a primeira, costuma gostar de tomar a iniciativa. No entanto, se em Áries isso era feito por puro entusiasmo, aqui é quase uma medida de proteção. Se quem nasceu com essa Lua não assumir o controle, os outros tenderão a abusar de sua força e, como acabamos de ver, a sobrecarregá-lo, pois, aparentemente, ele é capaz de suportar tudo.

> Assumir um excesso de responsabilidade
> dificulta as relações, pois impede
> que o outro tenha um papel.

Quando alguém cria relações baseando-se em sua resistência, não pode mostrar sua fragilidade interna, pois, se o fizer, pensará que não o estimarão. Essas pessoas costumam lidar com suas emoções em silêncio, sem incomodar ninguém. Ou, no pior dos casos, diretamente sem conectar-se com elas, pois, do contrário, não lhes restará outro remédio a não ser mostrar sua fraqueza e jogar por terra sua força aparente. Desse modo, a Lua em Capricórnio se torna fria e dura consigo mesma, pois, se abraçar sua vulnerabilidade, se dará conta de que não pode oferecer o que lhe pedem (ou pelo que acha que é valorizada) e põe em risco o vínculo com os outros. Mas, claro, às vezes quem demonstra o que sente perde o que quer; assim, terá de assumir o risco se não quiser perder a partida antes de jogar.

O fato de o irmão de Ashton Kutcher precisar de ajuda não significa que o próprio Ashton também não precisasse dela, mas talvez, por pura comparação com Michael, sentiu que a melhor maneira de amar seus pais fosse seguir o provérbio "muito ajuda quem não atrapalha".

> Quem tem a Lua em Capricórnio costuma
> sentir dificuldade para pedir ajuda e percorre seu caminho
> com muita solidão interna.

De alguma forma, é como se sua zona de conforto fosse um deserto e eles acreditassem que não precisam de água. E, mesmo que a tivessem, primeiro ofereceriam aos outros e acabariam morrendo de sede. Por mais água que lhes deem, não a apreciam, o que frustra quem os rodeia, enquanto eles mesmos se sentem em permanente carência. Há sempre carência para quem não sabe apreciar o que tem nem receber de bom grado o que lhe dão. Mais adiante, abordaremos o papel do agradecimento.

O importante aqui é reformular essa dinâmica. Para tanto, a primeira coisa a ser trabalhada é a gratidão pelo que se tem e pelo que se é. A segunda é redefinir o conceito de força, o que passa por admitir as próprias fraquezas e por aprender a cuidar de si mesmo, assumindo as consequências que isso pode acarretar. Nisso reside a autêntica firmeza.

> O grande aprendizado de quem tem a Lua em Capricórnio consiste em conectar-se com suas necessidades sem medo de que isso deteriore suas relações.

Aprender a decepcionar os outros é algo que todos deveríamos fazer desde pequenos. Quem tem essa Lua, mais ainda, se possível. Colocadas sobre nossos ombros, as exigências dos outros referem-se apenas às insuficiências que eles não querem assumir e, por isso, fazem com que as carreguemos. Se deixarmos que isso nos defina, seremos seus burros de carga.

Nas constelações familiares, usa-se uma frase absolutamente revigorante em relação a esse tipo de vínculo. Sempre que alguém sentir que está assumindo o dever de outra pessoa, poderá dizer a si mesmo internamente: "Cada um por si". Esse mantra cria uma barreira de respeito, na qual cada um assume suas coisas em vez de fazer com que elas sejam carregadas pelo outro, que, por sua vez, tampouco assume histórias que não são suas. Se as pessoas com a Lua em Capricórnio aprenderem a impor um limite, também poderão aprender a ouvir a si mesmas sem se julgarem, e o sentido do dever nunca mais estará acima de sua verdadeira vontade. Somente dessa forma suas relações darão uma guinada. Mas vamos em frente, pois ainda faltam algumas questões importantes a serem abordadas.

A MELHOR LUA PERANTE AS DIFICULDADES

Vou lhe contar um segredo. Essa Lua tem algo que a diferencia das demais: ela cresce diante das dificuldades.

Não subestimemos esse tema, pois se há alguém que sabe suportar momentos complicados são essas pessoas, e há muitos deles nos relacionamentos. Podem até achar erótico que as coisas custem um pouco. Não digo que sejam masoquistas, mas, quando conseguem as coisas facilmente, não as aproveitam tanto como se tivessem criado algo aos poucos e com qualidade. Com essa Lua, não é preciso correr, pois ela não suporta a deselegância da espontaneidade.

> Quem tem essa Lua em Capricórnio
> prefere saborear o que conseguiu com esforço
> ao prazer rápido e sem fundamento.

Para essas pessoas, é importante saber que estão construindo algo consistente e com futuro. Por isso, focam no longo prazo, nas bases da relação, tiram o peso do detalhe e o colocam na direção.

Esperam sentir-se preparadas para iniciar cada uma das fases e não saltam nem um único degrau do que a relação pedir.

Dedicam-se a definir até onde vai o relacionamento e qual a estrutura dos papéis, tendo em mente as dificuldades que possam surgir pelo caminho.

No fim das contas, como comentamos no início deste capítulo, Capricórnio é um signo ligado ao trabalho e, portanto, vive o relacionamento como uma empresa: tem de aprender como funciona para obter seu máximo rendimento.

Justamente por essa razão, embora pareça pouco romântico, são luas para as quais o trabalho é importante, e com certeza não acharão nada erótico que a outra pessoa passe horas no sofá ou tenha a procrastinação como hábito. Vieram a este mundo para trabalhar, com amor, mas para trabalhar. Ver que o outro se esforça para conseguir seus objetivos e que dá tudo de si para desempenhar suas tarefas será o máximo para eles.

Há alguns dias, li uma entrevista com Ashton Kutcher, na qual lhe perguntaram o que o fizera apaixonar-se por sua atual esposa, e ele respondeu que o que mais admirava nela era seu grande talento e seu profissionalismo. Sei que pode parecer uma resposta curinga para falar de uma atriz, mas agora que conhecemos sua Lua, parece muito convincente.

O MEDO DE NÃO SER SUFICIENTE

As pessoas que se sentiram rejeitadas criam a necessidade de mostrar ao mundo seu valor. Como se dessa forma convencessem a si mesmas de que quem os julgou assim não tinha razão. Talvez o pai esperasse um menino e veio uma menina, ou talvez algum professor tenha questionado essa pessoa, que já adulta luta para reverter essa impotência.

Desse modo, quem tem essa Lua sofre constantemente por ter de cumprir as expectativas dos outros, como da sociedade ou do parceiro, e o sentido do dever acaba pesando como uma pedra em seus ombros.

A rejeição gera obsessão.

Vou contar algo que, para mim, foi revelador quando o compreendi. Enquanto a autoridade estiver ausente, o sofrimento e o sacrifício estarão garantidos. Refiro-me ao fato de que, enquanto uma pessoa agir esperando enquadrar-se no que as demais esperam dela, estará perdida. Não podemos nos relacionar como se estivéssemos sempre fazendo uma prova. É muita pressão! Há sempre mais para dar, para satisfazer e entregar. Quem faz isso são pessoas que passam mais tempo no escritório ou ajudam você a tirar a mesa quando vão à sua casa. Como se assim demonstrassem que são boas trabalhadoras ou boas convidadas.

> Se tentarmos satisfazer as expectativas
> dos outros, perderemos muitas coisas,
> entre elas a liberdade e, às vezes, a dignidade.

Por acaso alguém que sente a pressão de ter o parceiro ou parceira que seus pais esperam é livre para escolher com quem sai? É muito inocente pensar que sim. Estar à altura do que se espera dele é importante para quem tem essa Lua. Tanto que pode até interferir em seus próprios gostos ou ações. Desse modo, é necessário dar um primeiro passo: lançar ao mar tudo o que os outros puseram em nosso barco e que, na realidade, não nos pertence.

Essa Lua me lembra os comentários feitos pelo jornalista monarquista Jaime Peñafiel, quando o príncipe Felipe estava solteiro. "Ele pode se casar com quem quiser, mas não com qualquer uma", dizia. Não sei se Sua Majestade lerá este livro, mas ninguém tem de seguir o que os outros esperam dele nem o que a sociedade marca como correto ou incorreto. Cada um deve seguir o que quiser propor a si mesmo para alcançar a própria felicidade.

Às vezes, quando estamos muito conectados com o sentido do dever, esquecemos o que realmente sentimos ou queremos. Para recordá-lo, podemos recorrer ao exercício de pensar que todos os outros estão mortos e não podem julgar as decisões que nos dispomos a tomar. Somente assim é possível libertar-se da culpa por não fazer ou sentir "o que é preciso" e conectar-se com a própria vontade.

> O medo de não ser suficiente para o outro
> se cura sendo suficiente para si mesmo.

Para tanto, é necessário desarmar a premissa principal: o amor não é algo que chega quando a pessoa cumpre certas expectativas, mas surge de maneira espontânea.

> O amor não precisa perder força
> porque não é a resposta a nenhum
> mérito cumprido.

Quando compreendemos isso, tornamo-nos cada vez mais compreensivos com nós mesmos e menos exigentes com os outros.

Quando alguém eleva suas expectativas em relação aos outros é porque lhes atribui a função de fazer com que cheguem aonde ele próprio não se sente capaz de ir. E, claro, fracassa em seu intento.

Se uma pessoa sente que não conseguirá fazê-lo, terá de descobrir a razão desse sentimento e como alterá-lo, mas em nenhum caso depositar esse peso nos outros porque, desse modo, estaria fazendo com os demais o mesmo que fizeram com ela.

> Quem acha que não merece algo ou não tem valor
> deveria perguntar-se, em primeiro lugar:
> "Para quem?".

Explicarei isso com mais detalhes na seção a seguir. Já estamos a ponto de conseguir a alquimia que procuramos.

A ACEITAÇÃO PLENA NO AMOR

Vejamos um exemplo. O que acontece quando um supermercado mais barato eleva o preço de seus produtos? Procuramos outro supermercado mais econômico no mesmo instante. O que acontece quando vamos a um supermercado *gourmet* e elevam o preço de um produto? Continuamos comprando como antes.

Isso acontece porque, no primeiro caso, existe uma relação de interesse. Escolhemos o local apenas por causa da oferta, porque vende bananas mais baratas. Quando sobem o preço, acabam com a razão de nossa escolha e, por conseguinte, procuramos outro lugar. É uma relação frágil, instável e muito pouco fiel.

Em compensação, quando decidimos comprar orgânicos ou ir a um local *gourmet*, não o fazemos pelo preço, mas pela ideia, pelo conceito, pela energia ou pelos valores que esse lugar transmite. Mesmo que eleve um pouco o preço de seus produtos, continuamos a comprá-los. Assim se criam relações fortes, estáveis e fiéis com o cliente.

No primeiro caso, escolhemos unicamente por um interesse palpável: a forma. No segundo, por um vínculo emocional, uma identificação com o lugar e a marca: o conteúdo.

No amor, de certo modo, acontece a mesma coisa. As relações não podem ser algo condicional, pois, nesse caso, quando as circunstâncias mudam, tudo cambaleia. Assim como sempre haverá um supermercado mais barato, sempre haverá uma pessoa mais bonita, mais jovem ou mais inteligente. Essa é uma estrada direta para a insegurança e que faz que nos concentremos o tempo todo no que nos falta e deixemos de valorizar o que somos e temos.

Assim nascem pessoas muito exigentes consigo mesmas, que têm medo de errar. Costumam ser muito eficientes, mas nem sempre são felizes, pois a emoção que aparece aos montes é a culpa.

Há pessoas que querem algo de nós;
isso é interesse. E há pessoas que querem bem
a nós; isso é amor.

O amor do bem não é o que responde a condições externas, mas o que se cria porque atrai a identidade por trás da pessoa amada. É o que surge quando nos valorizam pelo que somos, e não pelo que damos. São aquelas relações nas quais, mesmo que as circunstâncias se alterem, o vínculo não se afrouxa.

Pensemos em um amigo muito querido. Por acaso nossa amizade com ele se rompe se ele nos confessar que, no momento, está ganhando metade do que ganhava e nos confessa que fracassou em alcançar sua meta? Em absoluto.

Às vezes, as pessoas acham que serão mais queridas se tirarem um dez, ajudarem seus irmãos ou não incomodarem demais quem estiver à sua volta. Ou, o que dá no mesmo, quem ganha um bom salário e resolve os problemas dos outros ou está sempre disponível.

> Quando aprendemos a diferenciar entre
> quem gosta de nós pelo que somos
> e quem o faz pelo que lhe damos, os limites
> se estabelecem por si sós, e a qualidade das
> relações melhora muito.

Para colocar isso em prática, primeiro é necessário desfazer a premissa maior. O amor não é em troca de nada. O amor é espontâneo ou não. Quem gosta de nós porque lhe transmitimos segurança não gosta de nós, e, sim, da segurança que lhe proporcionamos. O mesmo ocorre se gosta de nós porque lhe oferecemos autoestima, *status* ou visibilidade. A pessoa gosta desses conceitos, mas não de nós; quando deixarmos de dá-los, deixaremos de ser atraentes para ela.

> Embora você dê o melhor de si, nunca será
> suficiente para a pessoa errada.
> Contudo, não importa como você seja, pois sempre valerá
> a pena para a pessoa certa.

Quando temos relações por quem somos, e não pelo que damos, podemos nos conectar com nossos sentimentos, aceitá-los sem medo e expressá-los. A ferida da falta de reconhecimento é curada quando nos valorizamos e nos permitimos receber do outro sem culpa e com agradecimento.

Quando não nos amamos, tampouco sabemos receber amor; mas também se aprende a sentir-se querido. Assim, quando a qualidade do amor por nós mesmos melhora muito, podemos valorizar o que o outro dá sem sentir que não o merecemos nem pensar que não é necessário. Claro que é necessário e, além do mais, prazeroso. Amar também é cuidar de si mesmo e deixar-se cuidar.

Tendo chegado a esse ponto, poderemos gostar incondicionalmente de alguém, somente pelo prazer de amar. Poderemos ver nossa própria vulnerabilidade sem pressão, sem senso de dever nem sensação de estar sempre sob julgamento. Já não teremos de demonstrar nosso valor a ninguém, apenas a nós mesmos. E nosso parceiro ou nossa parceira poderá começar a nos preencher em vez de nos enfraquecer. Assim, tudo bem.

Medo:	Não ser suficiente
Apego:	Autocobrança
Reação:	Desconexão
Aprendizado:	Sentir
Potencial:	Compromisso

CÓDIGO 11

Lua em Aquário e o medo da imprevisibilidade

(Lua em Aquário na casa 11,
ou em tensão com Urano)

> Se lhe derem papel pautado,
> escreva no outro lado.
>
> — Juan Ramón Jiménez

WOODY ALLEN NÃO SE CASOU COM A PRÓPRIA FILHA

Aquário é o signo do diferente, de tudo o que sai da norma ou é incomum. Woody Allen não apenas é um personagem bastante singular, mas também tem uma parceira, por assim dizer, peculiar. É casado com Soon-Yi Previn, filha adotiva de sua ex-mulher, Mia Farrow; portanto, foi seu padrasto antes de ser seu marido.

No início, a relação foi muito questionada pela mídia. Salvo exceções, normalmente os outros torcem o nariz diante das decisões mais transgressoras. Antes de as realizarmos, deveríamos nos assegurar de que não são fruto de um ataque de rebeldia, e, sim, de uma decisão com fundamento. Woody e Soon-Yi estão casados há mais de vinte anos e adotaram duas crianças. Já que teremos de nos armar de paciência e explicar centenas de vezes por que estamos com um guitarrista nômade ou com alguém que não bate em nós, pelo menos que valha a pena. Por isso, quem tem a Lua em Aquário, como Woody, precisa aprender a tomar decisões sem buscar a aprovação alheia.

Aquário é o signo da inovação e tem a função de propor novas opções de relacionamento para que a sociedade avance.

Com isso não estou dizendo que temos de nos casar com nossos filhos, mas que Woody, como todos que têm essa Lua, são gênios e costumam estar trinta anos à frente em sua maneira de pensar em geral e nas relações em especial. É sua missão experimentar, fazer as coisas de modo diferente, buscar formatos novos e criar relações singulares tanto no conteúdo quanto na forma. Há quem se case pelo rito balinês e quem decida se juntar ao outro, mas vivendo em apartamentos separados. Há quem abra sua relação a várias pessoas e há casais que vivem sob o mesmo teto, mas não fazem sexo. Não há regras além das que o casal decide e honra. Assim é Aquário em suas relações: liberdade no máximo apogeu. Haverá tempo para que essas propostas se estabeleçam, e possivelmente, após alguns anos, entrarão para a normalidade; assim, quem agora as questiona copiará seu modelo.

Como comentei, Aquário rege o diferente, por isso, com frequência essas pessoas se sentem incompreendidas ou são a ovelha negra da família. Por essa mesma razão, seu processo de cura passa por incluir tudo, criar relações nas quais ninguém é melhor do que ninguém. Vale lembrar que o signo oposto é Leão, o qual necessita de reconhecimento e visibilidade para sentir-se seguro. Aqui, a equidade é a protagonista. Woody Allen não viu Soon-Yi como uma filha de menor nível hierárquico, mas como uma igual. Para Aquário, ninguém é superior a ninguém, e todas as formas propostas são bem-vindas.

Neste capítulo, trataremos da maior dificuldade enfrentada por essa Lua, o medo do compromisso, e de seu máximo poder, a relação entre iguais, o espírito de equipe no amor.

O MEDO DA MUDANÇA DE PLANOS

As pessoas com esse código, sobretudo se Urano estiver em tensão com a Lua, têm na memória uma situação na qual um imprevisto ou uma mudança repentina de planos não foi bem administrada. Talvez seus pais tenham se separado sem que elas se dessem conta, talvez tenha nascido um irmão ou a família tenha se mudado, e elas tenham tido dificuldade para se adaptar à nova normalidade. Essas situações vividas de maneira intempestiva fazem com que as pessoas com essa Lua passem a temer o descontrole e a possibilidade de a vida assumir as rédeas e provocar mudanças sem avisar.

Imaginemos uma mãe que promete a suas filhas que as levará ao parque de diversões no fim de semana e, na última hora, a mais nova fica com febre e o programa é cancelado. A filha mais velha, com Lua em Aquário, aprende que, se não se animar muito, da próxima vez doerá menos se as coisas derem errado.

Se tivermos um amigo com essa Lua, pode acontecer de ele desaparecer de nossa vida de repente e reaparecer após meses ou anos como se nada fosse. Caso se trate do parceiro, observaremos como ele se desconecta de vez em quando e volta a se conectar. Pode passar semanas mostrando-se muito frio e, de repente, voltar a ser todo apaixonado, sem motivo aparente. Essa é sua maneira de não se envolver, de não se apegar demais e, assim, de se proteger caso o relacionamento termine e o pegue desprevenido. É como se sempre estivessem se preparando por precaução.

> O mecanismo de defesa de quem tem a Lua em Aquário é o desapego por medo de que as circunstâncias mudem de um momento para outro.

Para essas pessoas, é difícil administrar o compromisso porque, no fundo, ele nunca existiu, e ninguém consegue entender algo que não viu. Se você e eu nunca tivéssemos visto uma cadeira, não poderíamos querê-la nem precisar dela, pois não saberíamos que existe e encontraríamos outras maneiras de descansar. Pois nesse caso acontece o mesmo. A pessoa não experimentou um compromisso real. Se a mãe mencionada acima tivesse percebido que havia iludido as filhas ao prometer levá-las ao parque e tivesse adiado o programa para outro dia ou compensado a mais velha, teria demonstrado que sua palavra tinha firmeza. Ao anular o passeio com a mesma facilidade com que o prometera, sua palavra perdeu força. Desse modo, ela transmitiu às filhas a sensação de que às vezes cumpria o que prometia e outras vezes, não. Quando crescerem, se um parceiro lhe prometer amor eterno, elas o colocarão em dúvida, pois na vida podem acontecer milhares de coisas.

> A liberdade implica responsabilidade;
> por isso, assusta a maioria das pessoas.

Quando terminei com meu primeiro namorado, eu tinha 20 anos e encontrei minha amiga Elena para lhe contar o que havia acontecido e propor-lhe uma viagem para a Tailândia no verão, já que nós duas estávamos solteiras. Era época de Natal, e me pareceu uma boa ideia reservar as passagens com bastante antecedência, pois sairiam mais baratas. Mas, claro, minha amiga, que tem a Lua em Aquário, quase teve um ataque quando eu lhe disse isso. Com tantos meses ainda pela frente, poderia acontecer um milhão de coisas, e ela não estava disposta a perder todo aquele dinheiro. Acabamos comprando em julho, pelo dobro do preço, mas com a segurança de que as possibilidades de cancelar a viagem se haviam reduzido ao mínimo. Ainda bem que foi uma viagem maravilhosa e que cada euro investido nos voos valeu a pena.

> Planejar é algo que assusta quem tem a Lua em Aquário; essas pessoas costumam aderir no último instante aos planos alheios, seja uma viagem, seja um jantar.

Embora isso pareça uma solução para o problema, não o é: quem está do outro lado sente que nunca pode contar com elas com segurança. Mas não é preciso entrar em pânico. Na próxima seção, explicarei o que entendi dessa Lua nessa viagem e como curá-lo definitivamente. Continue lendo, pois prometo que, em poucas linhas, você vai ter um belo estalo.

O APEGO À LIBERDADE

Outra conduta clássica de quem tem essa Lua é confirmar sua presença em um jantar no último minuto, pois essas pessoas acreditam que, se no dia do evento não estiverem a fim de comparecer ou se surgir um programa melhor, acabarão dando o cano nos primeiros. Então, surgirá a culpa e se verão obrigados a ir. Por isso, acreditam que, evitando o compromisso, estarão livres para decidir na hora o que querem fazer, sem obrigações. Com os relacionamentos acontece o mesmo. Quanto mais se prendem a alguém, mais se oprimem, pois pensam que, se mudarem seus gostos, magoarão o parceiro ou farão mal a si mesmos se a mudança vier do outro.

O que dá medo não é o imprevisto, mas as consequências emocionais que ele implica.

No retorno da viagem à Tailândia com Elena, fizemos uma escala em Abu Dabi, e o avião que nos levaria a Barcelona não havia saído da cidade de origem. Por acaso você imaginou duas amigas presas no aeroporto, com suas enormes mochilas nas costas? Nada mais distante da realidade! A companhia aérea disponibilizou limusines para todos e nos distribuiu em hotéis cinco estrelas por toda a cidade até o dia seguinte, quando saiu o avião que nos haviam designado. Demos pulos de alegria, pois a maioria dos que iam pegar aquele avião era de jovens mochileiros que não haviam dormido em um colchão decente nas últimas três semanas. De repente, estávamos em suítes de luxo, com bufê livre incluso, sem pagar nem um centavo.

Assim como aconteceu conosco em relação ao avião de Abu Dabi, o segredo está sempre na compensação. Cancelar a presença em um jantar, sem mais nem menos, é bem diferente de dizer que não estamos a fim de ir, pois valorizamos a amizade. Desse modo, marcamos outro jantar para a sexta-feira seguinte e convidamos todos para uma taça de vinho.

> Quando se assumem as consequências de
> uma mudança, ela pode ocorrer
> sem culpa nem efeitos colaterais.

Há algo de muito sensato nessa Lua: ela entendeu que a vida é imprevisível e que pedir a alguém o amor eterno é uma falácia. Ninguém pode saber o que sentirá em dez anos, assim como não podemos saber o que pensaremos em meia hora. Não escolhemos nossas emoções, não somos donos de nossa evolução; portanto, não podemos oferecê-la como moeda de troca.

> O único compromisso existente é o da
> boa vontade de cuidar do outro quando
> estivermos diante de um movimento que o afete.

Desse modo, os imprevistos já não supõem um problema que afastará os parceiros, e, sim, uma oportunidade de eles se ouvirem e se conhecerem. Assim, a relação poderá evoluir e permitir aos dois membros que a compõem caminhar até onde querem com segurança e tranquilidade.

No entanto, o que acontece se nessa honestidade virmos que os caminhos evolutivos se distanciam e são incompatíveis para as duas pessoas? Esse é o momento em que é preciso ter coragem para viver essa Lua como convém. A liberdade implica responsabilidade e, às vezes, será preciso escolher entre estar juntos ou ser livres para que cada um siga seu caminho.

QUE NÃO PAREÇA UMA RELAÇÃO

Até esse momento, falei da ferida dessa Lua, da essência da questão. Mas falta contar como essas pessoas se sentem confortáveis para que tudo se encaixe e possamos manter com elas relações bem-sucedidas. A primeira coisa que devemos saber é que, para quem tem a Lua em Aquário, a amizade é algo primordial. A família é o que é; às vezes, se pode contar com ela, outras vezes, não. Em algumas ocasiões, sentimos afinidade com nossas origens, mas em outras, não. E os nascidos com essa Lua procuram ampliar o círculo de amizades a fim de encontrar amparo. Se não forem acolhidos por uns, serão acolhidos por outros; amigos não haverão de faltar. Pedir-lhes que se afastem de suas amizades é como pedir a uma leoa que não defenda seus filhotes. Ela morderá. Essa é uma exigência inviável. Ao contrário, quanto mais aceitarmos seu ambiente e tivermos um bom trânsito nele, mais eles se sentirão à vontade conosco. Pois, para eles, de alguma maneira seus amigos são sua família.

> Um dos vínculos com o qual as pessoas com a Lua em Aquário se sentem mais confortáveis é o que parece mais uma amizade do que uma relação de casal.

Os nascidos com essa Lua gostam mais dos direitos do que dos deveres, no sentido de que não sentem necessidade de mandar mensagens a cada meia hora nem estar o tempo todo colados ao parceiro ou à parceira. Ao contrário, quanto mais espaço houver entre os dois, melhor. Se há alguém capaz de administrar bem uma relação a distância ou na qual ambos os membros não fiquem muito tempo juntos, esse alguém são eles.

A amizade costuma estar alinhada à nossa evolução. Quando nós, mulheres, estamos grávidas, relacionamo-nos com outras grávidas; quando queremos empreender, unimo-nos a outros empreendedores, e quando estamos de luto, buscamos quem esteja passando por uma experiência semelhante. Mas não deveríamos sentir a obrigação moral de sair com colegas de escola se não estiverem em um momento parecido com o nosso, pois isso não nos ajuda a avançar; muito pelo contrário, prende-nos ao passado, e Aquário é o signo do futuro.

Esse signo não entende de amarras nem de convenções éticas. Não digo que não seja leal. Refiro-me ao fato de que, para ele, o passado não é um argumento de peso, mas o são os interesses comuns de cada momento.

Os aquarianos são como os gatos, é preciso deixá-los à vontade: quanto menos os chamarmos, mais virão; quanto menos forem presos, mais perto de nós ficarão; quanto menos exigirmos deles, mais se comprometerão.

COMO COMPROMETER-SE SEM OPRIMIR-SE

Para pôr a cereja no bolo, temos de reformular o conceito de liberdade, tão importante para essa Lua, mas do qual ela é escrava. Certa vez, veio à minha consulta um adolescente que afirmava categoricamente que nunca se casaria porque não queria pertencer a ninguém. Acreditava que rejeitar toda forma de compromisso o liberaria. Na realidade, as coisas não eram bem assim. Sua aversão a uma aliança provinha do casamento que vira em seus pais, com abuso psicológico incluído. Portanto, sua ferida estava decidindo por ele. Teria sido livre se não tivesse formado uma ideia preconcebida sobre o que fazer e, quando chegasse o momento de conhecer alguém, teria podido considerar qual opção escolher.

> O apego à liberdade é como qualquer outro;
> quem faz tudo em seu nome
> cria o maior grilhão que existe.

Quem sente a necessidade de ressaltar que é independente e que não quer se prender a ninguém é porque tem um medo associado a isso e é escravo desse medo. Livre é quem toma decisões sem se sentir condicionado. A liberdade tem pouco a ver com uma aliança ou uma promessa, e muito com o autoconhecimento e o tratamento dos próprios traumas e das próprias feridas.

> A liberdade é um estado interno,
> e não algo que o outro possa nos dar ou tirar de nós.

No entanto, vamos nos aprofundar um pouco mais nessa afirmação. Quem sente a necessidade de se autodefinir como livre atrairá autoridades repressoras, pois assim terá do que "se libertar". Isso está muito distante do relacionamento que queremos criar.

Quando uma pessoa se esforça para conhecer bem o que é, deixa de precisar reivindicar o que não é. Não se trata de lutar por um mundo utópico, e, sim, de criar um microclima sob medida. Essa pessoa cobrará espaço e liberdade, mas o desafio está em também saber dá-los. Ela não quer formas rígidas, mas tampouco deverá impor as suas. Então, sim, teremos uma pessoa tolerante, amigável e respeitosa. Não me ocorre um amor mais puro do que o de quem ama outorgando ao outro a liberdade se ser ele mesmo, sem julgá-lo nem lhe pedir que fique a seu lado se isso não lhe trouxer felicidade. Esse é um amor adulto e coerente, com espaço individual para que ambas as partes possam unir-se sem se fundir.

Para Aquário, o comum é vulgar. Sentem-se atraídos por pessoas originais, acham atraente o que sai da norma, pois isso faz que se sintam livres para serem diferentes, sem pressões nem convenções sociais. Nisso aparecerá a cumplicidade de não terem de gostar dos outros, mas apenas um do outro.

A pessoa se sentirá confortável se seu parceiro ou sua parceira a ajudar a criar uma vida com suas normas e suas leis, com as quais ambos estejam de acordo. E se não houver necessidade de conviverem, não conviverão; se não houver necessidade de dormirem juntos, não dormirão. Não importa o que faz a maioria dos casais, e, sim, que os dois decidam o que funciona para eles. Para que fique claro, buscamos um *Bohemian Rapsody* das relações, pois não é à toa que Freddie Mercury tinha a Lua em oposição a Urano. Essa, que talvez seja a melhor canção de rock da história, é uma mistura de estilos, não dá a menor importância à duração média de um tema e rompe com todas as normas estabelecidas até o momento. Pois bem, coloco-me a seus pés, Mr. Mercury, e aos de todos que se atrevem a inovar, experimentar e propor modelos novos.

Então, sim, poderão comprometer-se sem se sentirem presos, pois os dois membros do casal terão criado, a seu gosto e semelhança, a forma do contrato. Não será algo forçado e que gere rejeição, mas seu formato ideal, do qual não precisarão fugir.

Nada é tão nosso como o que
deixamos livre e não se vai.

Já podemos criar um tipo de relação sob medida. Já entendemos que a liberdade não é uma rebeldia infantil, mas um estado de maturidade necessário para que todos recebamos nossa parte do bolo. Já não aceitamos amarras em forma de chantagem emocional nem cargas que não nos pertençam, buscando a presença constante do outro, pois vimos as consequências disso nos exemplos dos signos anteriores. Aqui temos alguém com quem podemos contar para o que precisemos, desde que não precisemos constantemente.

A essa altura, já podemos resolver a ferida da imprevisibilidade ao entender que a mudança repentina é algo inerente à vida, porém, em vez de fugir dela, podemos incluí-la, contanto que cuidemos das consequências para os outros. Assim, poderemos chegar a mudanças maiores, até mesmo estruturais, nos relacionamentos ou no âmbito que quisermos, modificando o que está estabelecido e não nos serve e criando bases para as mudanças que virão posteriormente.

Como vimos, não há uma forma de vida ou de amor que seja única, mas tantas quantas são as pessoas e os casais no mundo, e a felicidade passa por encontrar a nossa, doa a quem doer.

Medo:	O inesperado
Apego:	Liberdade
Reação:	Rebeldia
Aprendizado:	Compensação
Potencial:	Igualdade

CÓDIGO 12

Lua em Peixes
e o medo do abandono

(Lua em Peixes na casa 12,
ou em tensão com Netuno)

> Entrar em você sem sair de mim.
> Amar é isso.
>
> — Miki Naranja

O MEDO DO ABANDONO

Como criança dos anos 1990, cresci cantando "Marco foi embora para não voltar". Atrevo-me a dizer que a canção "La soledad" (A solidão) certamente tocou em todos os quartos de adolescentes da época, que, iludidas que éramos, não sabíamos que, para muitas de nós, essas mensagens eram profecias prestes a se cumprir.

Para começar, a própria Laura Pausini tem a Lua em Peixes em tensão com Netuno, de modo que seu exemplo cai como uma luva para explicar esse padrão, enquanto deixo sua música tocar ao fundo e me contenho para não deixar cair nenhuma lágrima. Laura, menina, que tristeza é esse álbum!

Chegamos ao último capítulo, o último padrão que corresponde ao último signo. O fato de ser o do final é importante no momento de entender que é o mais espiritual, o mais avançado, o que encontra a felicidade compartilhando as reflexões mais abstratas e sutis. Isso faz que nem todo mundo consiga entender quem tem essa Lua.

Estamos diante da ferida do abandono, que nem sempre se produz de forma física, porque os pais estiveram ausentes, doentes ou pouco disponíveis. Sem dúvida, isso também pode ter acontecido. Às vezes, algumas pessoas vivem a ausência porque não encontram olhares cúmplices que possam entender o que elas sentem, que estejam à altura do que tentam transmitir ou que sintam empatia pelo que estão passando. Por isso, tornam-se introspectivas, sensíveis e cheias de imaginação.

Quando isso acontece, criam uma zona de conforto ao sentir a ausência dos outros; com frequência estão ausentes para si mesmas sem que se deem conta disso. E essa estratégia tem consequências, por exemplo, a de tentar buscar desesperadamente que os outros preencham esse vazio diminuindo as exigências e desabilitando todos os filtros. Qualquer coisa para não se sentirem sozinhos nem serem abandonados novamente. E, claro, um parceiro inadequado poder ser o pior desamparo.

> Quando aprendemos
> a conviver com a solidão,
> deixamos de nos submeter
> a uma companhia qualquer.

Vale lembrar que o padrão oposto era Virgem, analítico, meticuloso e detalhista. Não deixava escapar nada. Aqui temos uma base bem mais fantasiosa e evasiva. Vamos explicar essa Lua, desde seu medo do abandono até seu máximo potencial, o amor incondicional e a magia romântica, digna de uma novela de Corín Tellado*.

---

* María del Socorro Tellado López (1927-2009), autora espanhola de romances e fotonovelas. (N. da T.)

COMO PREENCHER O VAZIO EMOCIONAL

Quando alguém se sente desamparado em algum momento de sua existência, teme ver-se obrigado a enfrentar os desafios que a vida lhe apresenta, pois não quer fazer isso sozinho. Acha que justamente por ter de administrar tudo por conta própria não saberá como agir. Então, o mecanismo de defesa ativado é o que inclui a desconexão da realidade, a imaginação e a evasão. Essa pessoa se fecha em seu próprio mundo, não quer estar presente, não quer ver, para não ter de enfrentar a realidade.

Quando não sabemos como dizer a uma criança que o avô faleceu e lhe contamos que está no céu, nós a enganamos para fugir de algo que nos incomoda administrar. Pois quem tem essa Lua faz mais ou menos a mesma coisa, engana a si mesmo, sonha e cria histórias imaginárias para não enfrentar o que tem diante de si. "Tantas páginas hipotéticas para não escrever as autênticas", dizia outra canção de Laura Pausini.

Viver de ilusões no terreno do amor – já sabemos como termina essa história. O príncipe encantado que nos salvaria de todos os males se mostra uma pessoa normal e comum, que não tira o lixo nem se lembra de nosso aniversário.

> Quando fantasiamos, corremos o risco
> de nos apaixonar por essa ideia imaginária do outro,
> e não por quem ele realmente é.

Idealizar o outro é tão perigoso quanto idealizar o amor em si mesmo. Há muita gente apaixonada por ter um relacionamento, mas não por seu parceiro ou sua parceira. Para não se verem novamente sozinhos, perdoam o imperdoável ou resistem a acabar com algo que os machuca por dentro. Querem sentir-se acompanhados, queridos, e buscam a presença alheia para fechar sua ferida. Então, podem perder uma das coisas mais valiosas entre os dois membros de um casal: a dignidade.

A falta de dignidade simboliza a falta de autoestima, a complacência para com o outro que justifica tudo; o objetivo final é que o outro não vá embora, que não deixe seu parceiro sozinho mais uma vez. Porém, abandonar-se a si mesmo é a pior forma de solidão possível, mesmo quando se está em um relacionamento.

> Ninguém pode abandonar você, a menos que você tenha se abandonado primeiro.

Os rompimentos custam muito aos nascidos sob essa Lua, pois grande parte do luto baseia-se em abandonar tudo o que sonhamos que faríamos como casal e que já não será possível. É preciso processar o luto da vida imaginada quase mais do que da real. É absolutamente necessário ter os pés no chão quando a relação se inicia e analisar de verdade como é a pessoa que temos à nossa frente, e também como nós somos em todas as nossas facetas. Sem medo de que o resultado dessa análise seja que talvez a relação não dê em nada. Melhor descobrir isso antes de começar do que viver em uma agonia constante, tentando evitar o que está fadado a acontecer.

> Procuremos um parceiro quando nos sentirmos preparados, não quando nos sentirmos sozinhos.

Para consegui-lo, temos de fazer amizade com a solidão, e isso implica mudar as crenças que temos sobre ela. Para começar, será necessário distinguir entre o desamparo sentido por uma criança e a solidão sentida por um adulto. Os jovens não têm opção; os pais que a vida lhes deu são o que são, e se não os entendem ou não os satisfazem, não podem ser mudados. O mesmo acontece com os colegas de escola ou os vizinhos da frente. As crianças não podem mudar seu entorno justamente porque são pequenas e não sabem como proceder. Por isso, sua única opção quando o ambiente não as satisfaz é refugiar-se em si mesmas. Mas, claro, o que encontram dentro de si são os poucos recursos que pode ter uma criança, de modo que o medo está garantido. Veem-se sozinhas diante do mundo.

Em compensação, quando somos adultos, temos, sim, mil e um recursos a nosso alcance, e isso marca a diferença. Se nosso parceiro não nos satisfaz, podemos procurar outro; se nosso chefe nos ridiculariza, podemos mudar de emprego; se o terapeuta que nos orienta é um zero à esquerda, podemos dar adeus a ele e procurar outro melhor. O terror de que não haja ninguém disponível para nos ajudar é apenas uma recordação, pois as premissas não são as mesmas de nossa infância. Para uma criança, não há opções, para um adulto, há infinitas.

A essa altura, já entendemos que os mecanismos de evasão são o bote salva-vidas para uma criança. Como ela não se sente capaz de enfrentar sozinha o que tem pela frente, a única opção que lhe resta é tentar evitá-lo a todo custo. Em compensação, a única coisa que um adulto consegue ao fugir da realidade é eternizar o problema. Será imprescindível identificar os mecanismos de evasão que usamos diariamente e cortá-los pela raiz.

Alguns são fáceis de perceber: o álcool, as drogas e todas aquelas substâncias que nos ajudam a não estar presentes ou não sentir. Mas há comportamentos que cumprem a mesma função, por exemplo, a comparação com os que estão pior, as desculpas ou a falsa espiritualidade. Estamos falando da linha tênue entre a afirmação "o que é seu chegará até você" e ter de fazer algo para obtê-lo. Você já sabe ao que estou me referindo.

Para reverter essa tendência à evasão, será necessário criar hábitos que propiciem a conexão, por exemplo, passar momentos a sós, prestando atenção a cada sentimento que aparecer, com técnicas como a meditação ou o *mindfulness* (atenção plena). Essa é uma Lua muito criativa, de modo que a música, a dança ou a pintura também servem para processar as emoções. Na realidade, a ferramenta não faz diferença; você pode meditar mesmo enquanto passeia ou pratica um esporte, o importante é fazê-lo a sós e lembrar-se de que, para olhar dentro de você mesmo, o principal requisito é a coragem, pois às vezes o que encontramos não será o que gostaríamos, mas é a verdade, e dela não podemos escapar.

> Não se trata de ser espiritual,
> mas de ser honesto consigo mesmo.

Talvez para Laura Pausini a maneira de conectar-se com seus sentimentos seja dar-lhes a forma de canção, uma vez que começou a compor aos oito anos. E talvez para muitos de nós seja justamente ouvir suas canções e nos vermos refletidos nelas. O bonito é perceber que, no fim, de uma forma ou de outra, somos todos iguais, queremos ser amados e tememos o abandono.

Quando dançamos com nossos sentimentos, unimo-nos a todos que sentem a mesma emoção. Se nos conectarmos com nossa tristeza, poderemos compreender a dos outros e, assim, aproximar-nos deles. Isso gera a empatia, o fato de sabermos que somos iguais, que podemos nos entender, pois, embora passemos por circunstâncias distintas, estamos todos unidos no choro, no riso e no amor. De repente, sentimo-nos compreendidos por todos e podemos compreender todos. Aqui temos o primeiro passo da cura, a conexão universal. Continuemos.

O RELACIONAMENTO NÃO É UMA ONG

A maioria das pessoas com a Lua em Peixes sente a necessidade constante e incontrolável de ajudar os outros. Melhor dizendo, de salvá-los. A diferença é que ajudar é oferecer acompanhamento, mas salvar é assumir diretamente como próprio o problema do outro, pois assim a mente se distrai com a dificuldade alheia e não cuida da própria. Salvar compulsivamente os outros é uma conduta muito evasiva.

> Enquanto nos preocupamos com os problemas
> dos outros não prestamos atenção aos nossos
> e criamos outra forma de autoabandono.

Quem tem essa Lua costuma sentir especial compaixão pelos desfavorecidos ou pelos mais vulneráveis. Como acabamos de explicar, quando nos conectamos com nossos sentimentos, automaticamente nos unimos aos alheios. Isso é ótimo se quisermos colaborar com uma ONG ou pertencer a um partido que defende os direitos dos animais, mas, quando falamos de relacionamentos, a coisa se complica. Sentir o que sentem os outros não significa que é nossa responsabilidade cuidar deles. Esse é um dos motivos pelos quais a tristeza é a emoção básica dessa Lua, uma vez que nos fala de exaustão bem como nos propõe parar para recarregar as baterias e recuperar o centro de nosso ser.

Se levarmos isso para o terreno do sentimento, é preciso deixar claro que um relacionamento não pode ser uma ONG, na qual um ampara constantemente os problemas do outro. Um dos pedágios que as pessoas costumam pagar por engano é o de misturar amor incondicional com permissão para tudo e, claro, novamente acabam deixando a si mesmas de lado.

> Não confundamos amar com tolerar
> nem aceitar com engolir.

É normal que isso ocorra, pois quem se sentiu sozinho pode pensar que cura sua ferida fazendo com que ninguém mais se sinta assim. Atendem o telefone a qualquer hora, mostram-se disponíveis quando alguém está passando por um momento difícil ou fazem de tudo para demonstrar compreensão. Mas isso não cura nada, é apenas uma projeção de manual.

A maneira de preencher nossa solidão não é preenchendo a alheia, e, sim, a própria, escutando-nos e cuidando de nossos problemas sem esperar que outras pessoas os resolvam para nós (vale lembrar que nisso se baseou a origem da ferida).

> A única forma de preencher nosso vazio
> é nos tornarmos a pessoa
> que nunca nos abandonará.

Para consegui-lo, teremos de atender a nossas necessidades, cuidar de nossos problemas, mostrar-nos presentes em nossa vida e amar-nos incondicionalmente, nos altos e baixos. Quando nos sentimos plenos, podemos dar tudo o que quisermos aos outros, com a tranquilidade de quem sabe que a fonte nunca se esgotará porque essa fonte somos nós mesmos. Quando vemos que o amor já não cabe em nosso interior, então é o momento de dá-lo. A compaixão é um excesso de amor que se derrama por todos os poros da pele, sendo absorvida por quem está próximo.

Se dermos amor esperando que esse ato nos preencha, o que conseguiremos é esvaziar-nos ainda mais. Em compensação, quando primeiro prestamos atenção a nós mesmos e nos preenchemos, é inevitável que queiramos dar e compartilhar; então, o ato de ajudar os outros se torna um prazer e o maior amor que podemos experimentar.

Quem dá o que não tem se sente ainda mais vazio, mas quem dá o que tem se preenche ainda mais.

Há pessoas que se sentiam sozinhas, mas aprenderam a amar essa solidão transformando-a no caminho para se ouvirem, prestarem atenção a si mesmas e desfrutarem da própria companhia. Não precisam de ajuda, mas a dão e recebem com amor, aproveitando o intercâmbio desinteressado.

As coisas estão começando a ficar realmente interessantes, não é mesmo? Vamos em frente, pois ainda há mais.

O PODER DA INTUIÇÃO

Como vimos, quem tem essa Lua é muito sensível às energias das pessoas e dos lugares, e com frequência mistura suas emoções com as dos outros; por isso, tem dificuldade para saber o que é seu e o que é do parceiro ou da parceira. Amar a si mesmo implica saber até quando permanecer em um lugar e onde está o limite além do qual a empatia deixa de ser uma virtude. O recolhimento é o grande aliado para poder encontrar clareza e estabelecer barreiras saudáveis. A capacidade de sentir as energias mais sutis do ambiente será o grande guia dos nascidos sob essa Lua. A intuição não é uma invenção que às vezes acerta e outras, não. Estamos falando do ato de escutar profundamente as sensações, que nos proporciona uma enorme segurança interna. É saber algo mesmo sem saber como o sabemos. E essa escuta se aprende e se pratica.

> Ninguém nos ensina a saber. Encontramos respostas ouvindo nosso coração em silêncio.

Vou contar uma história pessoal, mas creio que ela ajudará a entender perfeitamente o que estou explicando. Não tenho essa Lua, mas tenho esse signo muito forte em meu mapa e vivi experiências impressionantes. Quando me mudei para o apartamento em que vivo, sentia-me estranha no novo bairro e, para me familiarizar com a área, procurei bares nos quais eu pudesse trabalhar à tarde. Um dia, enquanto caminhava sem rumo, deparei com uma pequena casa de chá. Quase não tinha clientes, e uma moça oriental me animou a entrar com seu sorriso doce e delicado, de modo que, embora eu não goste de chá, entrei para tomar um *rooibos** e trabalhar um pouco no computador.

---

* Arbusto originário da África do Sul, usado no preparo de chás terapêuticos. (N. da T.)

A energia daquele lugar me conquistou, e comecei a frequentá-lo com assiduidade. Quando eu me sentava a uma das mesas de madeira e tomava pequenos goles de chá, notava que as ideias apareciam com muita facilidade e que a criatividade fluía como se as musas viessem me visitar. Em uma dessas ocasiões, sentaram-se a meu lado dois jovens que preparavam um mestrado em Crescimento Pessoal e, ao verem que eu tinha um mapa natal na tela, perguntaram-me se eu sabia astrologia e se poderia tirar uma dúvida deles sobre a compatibilidade entre ambos. O que começou quase como uma brincadeira passou a uma amizade incrível. Seu projeto não evoluiu, mas um deles lançou seu próprio curso, do qual fui professora por alguns anos, e o outro..., bem, o outro... três anos mais tarde nos casamos naquele mesmo lugar.

A magia dessa história é que nem gosto de chá, mas algo naquele estabelecimento chamou minha atenção; deixei o racional de lado e permiti que a vida me empurrasse para onde tinha de ser. Ali, fiz amigos, clientes, projetos e ideias. A mesma coisa aconteceu com o apartamento onde vivemos hoje. Nem sequer tem os metros quadrados de que precisamos, mas é o lugar onde senti que tínhamos de ficar. Isso também me acontece em algumas consultas, nas quais digo coisas que não sei de onde tirei, como se algo superior as dissesse a mim. Com isso, não quero que ninguém perca a cabeça, pois justamente nesses terrenos é imprescindível manter a sensatez; porém, dentro de um pragmatismo saudável, podemos treinar a escuta ativa do que estamos sentindo ao cedermos lugar a essa voz tão cúmplice, chamada "intuição".

A intuição é o sussurro da alma
que nos traz sabedoria interna
aonde quer que vamos.

Antes de mudar de tema, não quero deixar escapar nada, pois, à medida que a comunicação interna é potencializada, a externa pode enfraquecer. A sensibilidade é assim mesmo, você pode estar muito conectado consigo mesmo, mas saber transferir isso para fora é outra história.

As pessoas com essa Lua deverão ajudar seu parceiro a compreender o tsunami de emoções pelo qual passam. Não devemos obrigar o outro a deduzir coisas nem dar por certo que ele dispõe do mesmo talento intuitivo, pois, nesse caso, os mal-entendidos estarão garantidos. Agora, sim, vamos para a conclusão.

O AMOR INCONDICIONAL NO RELACIONAMENTO

A essa altura, já conhecemos a ferida da qual viemos e sabemos que o desamparo é apenas uma recordação em nossa memória. Já encontramos na solidão nossa melhor aliada para estabelecer uma conexão com nossas emoções e usar nossa voz interior como guia. Já sabemos cuidar de nós mesmos e podemos mandar às favas quem vier com migalhas de amor. Já não temos que nos abandonem porque sabemos que isso não é possível se não nos abandonarmos primeiro. Já viramos o jogo.

> Quem não teme a solidão não paga
> nada pela companhia.

Já podemos começar a experimentar a verdadeira fusão com o outro sem nos perdermos nele. Ambas as partes se conectam sabendo que tudo o que é feito por um repercute no outro. Quando um cresce, ambos crescem; quando um se ama, ambos são amados; e quando um está feliz, ambos transbordam de felicidade.

Desse modo, um pode compreender qualquer circunstância que o outro traga sem julgá-lo, repreendê-lo nem o culpar. Ao contrário, com amor, afabilidade e empatia, ajudará a resolvê-la ou a vivenciá-la. Isto é o amor incondicional: ser capaz de amar sem tentar mudar o outro, enxergando-o em sua totalidade. Como você já deve ter deduzido, isso só pode ser feito com os outros quando antes o fazemos com nós mesmos.

Mas não se engane, esse tipo de amor não implica dar sem esperar nada em troca. Implica dar sabendo que, ao fazer isso, no fundo estamos dando algo a nós mesmos e, portanto, o amor não correspondido não tem lugar, como tampouco o têm o engano e o desequilíbrio.

Se procurarmos um parceiro ou uma parceira depois de encontrarmos a nós mesmos, o sucesso será inevitável.

Trata-se de buscar alguém com o coração, não com a razão. Não devemos atrair quem preencha nossa lista de desejos, como ser louro, alto ou magro. Devemos nos concentrar em como queremos nos sentir quando estivermos a seu lado. E isso tem de ser um reflexo de como nos sentimos quando estamos com nós mesmos. Se alguém nos faz sentir como queremos, que diferença faz se for russo ou baixinho? Isso será um acréscimo.

Não devemos procurar aspectos concretos, mas nos concentrar em como queremos nos sentir quando estivermos ao lado de outra pessoa.

Nesse caso, o detalhe não é a base; o que importa é o conteúdo, as sensações, o estado de paz que nos trouxer. Para encontrar a companhia ideal, temos de começar sendo nós mesmos nosso parceiro ideal e nos tratar como queremos ser tratados, ir aos lugares onde nos sintamos como desejamos e nos cercar de pessoas que vibrem com o que queremos ser. Assim, ao sentir a energia de nossas relações, só poderá entrar em nossa vida quem viver na mesma sintonia.

Quando chegarmos a esse ponto, a magia que procuramos já terá se produzido, e poderemos começar a escolher o parceiro ideal.

Como dito no início, Peixes é o signo mais romântico de todos, é a Lua do poeta, cantor e compositor Leonard Cohen e de James Cameron, diretor do filme *Titanic*, entre outros. No entanto, se formos sinceros, a maioria das coisas são românticas apenas em nossa cabeça. Quando as materializamos, elas se tornam algo cotidiano, com defeitos e problemas. Isso se aplica ao amor, aos filhos, ao trabalho por conta própria, à realização de um filme, à composição de uma canção e até ao fato de envelhecer. Em nossa mente, todas essas coisas são maravilhosas, mas, na prática, são caminhos repletos de obstáculos, que às vezes nos levam a jogar a toalha e a buscar uma realidade que, no fundo, não existe.

Quem tem a Lua em Peixes sente a necessidade de continuar sonhando com o parceiro e de que essa nuvem não se perca. Não estamos falando em viver em um mundo de luz e cores que anestesie qualquer contato com a realidade, mas de cuidar de cada dia para que ele seja único. Depende de nós conseguir que nossa vida no relacionamento seja mágica e não perca o romantismo que nos permite continuar sonhando juntos, mantendo os pés no chão e admitindo as dificuldades das coisas.

Ser romântico também tem seu lado bom. O romantismo, assim como a fantasia ou a imaginação, descreve coisas difíceis de colocar em palavras. E, se observarmos bem, quando há muitos motivos pelos quais podemos definir por que gostamos de alguém, é porque perdemos a noção, a razão.

Não é preciso pensar muito
sobre o que realmente importa,
apenas senti-lo.

Dizem que, quando não há razão, o amor é verdadeiro. Se não podemos definir por que gostamos de alguém é porque se trata simplesmente de uma soma de coisas que nos deixam à vontade com essa pessoa. Quando encontramos razões, talvez elas se refiram à amizade, à admiração, à gratidão ou ao puro desejo, que são derivados do amor, mas não amor completo. Se o definirmos por uma dessas coisas, sempre haverá quem possa oferecê-lo e melhorá-lo.

Quando sentimos desejo ou admiração por alguém, corremos o risco de deparar com outra pessoa que nos desperte mais desejo ou mais admiração; portanto, a primeira deixará de ser interessante. Quando o sentimento simplesmente nos inunda de forma que quase não sabemos como defini-lo, é impossível substituí-lo e, nesse caso, não haverá concorrência.

Quando aprendemos a prestar atenção a nós mesmos, não sabemos por quê, mas de repente nos sentimos felizes, conectamo-nos com todo mundo e nos abrimos para um amor maior, a começar pelo que sentimos por nós mesmos, pela vida e por tudo o que nos cerca. É um pouco *hippie*, eu sei. Também estou consciente de que, ao escrever isso, estou colocando palavras no que quase não se pode racionalizar, mas quem tem essa Lua sabe a que me refiro. A plenitude não precisa ser explicada, escapa pelos poros, é vivida no olhar, inunda todo o corpo e é sentida no coração. Quando você sentir isso por alguém em algum lugar, entenderá.

Medo:	Abandono
Apego:	Fantasia
Reação:	Salvar
Aprendizado:	Presença
Potencial:	Fusão

VOCÊ JÁ ESTÁ PRONTO PARA O AMOR. E AGORA?

Agora que estamos prestes a nos despedir, tenho de ser sincera e dizer que existe algo que não posso prometer porque não cabe a mim concedê-lo. Não escolhemos por quem nos apaixonamos nem quando isso vai acontecer. O amor nos possui, não somos nós que decidimos que ele venha. Mas também é certo que depende de nós estar bem-preparados para quando esse momento estiver destinado a chegar. É disso que trata este livro, de desbloquear o que existe e aprender a nos amar mesmo quando o amor não vier de um parceiro ou de uma parceira, mas de nós mesmos. Então, a verdadeira magia é produzida, pois, se atraímos o que somos, apenas sendo amor virá amor.

> Gerar uma relação de qualidade com nós mesmos
> cria a melhor das circunstâncias
> para que isso também ocorra fora e para que o amor
> no relacionamento chegue em sua melhor versão.

Nos anos em que fui solteira ou tive relacionamentos desastrosos, li e me informei muito sobre o assunto. Na maioria das ocasiões, eu era convidada a mudar minha maneira de ser. Se eu me mostrasse muito impaciente, tinha de trabalhar meus impulsos. Se fosse muito espontânea, diziam-me que isso assustaria os outros e que eu deveria tentar ser mais educada e formal.

No fim das contas, as únicas coisas que eu conseguia fazer eram sentir-me culpada, baixar minha autoestima e viver com uma autocensura constante, mas obtinha poucos resultados em nível de relacionamento. É como se me pedissem para eu deixar de ser mulher. Não consigo. Mas consigo tentar ser a melhor mulher que já conheci. Pois bem, nesse caso, trata-se da mesma coisa.

Se você reparar, neste livro não incentivei ninguém a mudar seu modo de ser, pois nosso mapa sempre será como é, e é fantástico que seja assim (não podemos mudar o instante em que nascemos). Sem dúvida, todos nós precisamos melhorar e corrigir nossos excessos, mas dentro do que somos, sem tentar ser alguém estranho à nossa natureza. Se você tem a Lua em Áries e tenta evitá-la e transformá-la em Libra, conseguirá apenas se frustrar e não viver bem nem em Áries nem em Libra. Se tem a Lua em Áries, procure controlar a pior parte e desfrutar da melhor. Isso, sim, está e sempre estará em você.

Trata-se de entender o modo como funcionamos, aceitá-lo e procurar pessoas que sejam atraídas por ele. Assim, em vez de nos incomodar, os parceiros acrescentarão, farão com que nos sintamos orgulhosos de como somos e equilibrarão o que nós mesmos procuramos melhorar.

Espero que este livro tenha sido um ponto de inflexão para você. Agora você já sabe de onde vem parte de seu temperamento e por que atraiu o mesmo tipo de pessoas. Você já conhece suas feridas e o lugar a partir do qual foram criadas suas dinâmicas. Trabalhe esses temas de maneira rotineira, todos os dias, como se fosse um hábito. Observe como se manifestam em sua vida cotidiana com uma amiga, com a padeira ou com seus clientes. Aperfeiçoe gradualmente seu modo de ser com delicadeza, como se ele fosse uma figura de barro. Não queremos criar feridas novas, mas acariciar as antigas até curá-las.

Até esse momento, apresentei-me apenas astrologicamente, mas, a essa altura, chegou a hora. Sou Áries de Sol e de Lua. Como você pode ver, sou dominada pelo signo da luta e, em todos esses anos, aprendi que muitas vezes a pior guerra é a que travamos com nós mesmos.

Também me dei conta de que o amor, como quase tudo, é para corajosos. Para os que têm coragem de sair de onde não são felizes e apostar na certeza de que haverá um lugar melhor. Também para os que se empenham incessantemente para encontrar o que sabem que merecem e não se conformam com menos. Para os que estão dispostos a trabalhar seus bloqueios e sabem que, cedo ou tarde, conseguirão vencê-los.

O amor pode ter muitas formas, gêneros, corpos e contratos. O importante é saber que há um amor para cada um de nós.

> Uma boa relação se baseia em ter
> algo saudável, e curar significa ser consciente
> do papel que desempenhamos em nosso
> próprio sofrimento.

Tomara que com este livro você tenha conseguido ver qual é sua ficha no jogo e possa começar a movê-la em vez de vez de ser movido por ela. Guarde-o e consulte-o quando sentir necessidade. Ficarei feliz de estar ao seu lado quando o fizer. Porque há de acontecer; todos passamos por isso, somos humanos. Mas agora, pelo menos, você detectará esse momento com facilidade e poderá se reposicionar no mesmo instante.

Se você for persistente, com o tempo conseguirá o que procura. Embora às vezes tenha dúvidas, posso lhe assegurar que o amor é uma festa para a qual somos todos convidados. Você também.

O PRESENTE FINAL

Neste momento, vejo-me na mesma situação de quando estamos ao telefone e dizemos: "Desligue você" – "Não, desligue você". Eu poderia estender essa conversa até a eternidade. O tema dos relacionamentos dá muito pano para manga, e um livro é pouco.

Por isso, incluí como presente o que talvez seja a lição mais importante que você terá aprendido sobre relacionamentos: a importância de equilibrar o masculino e o feminino dentro de você.

Escaneie esse QR Code e receba de presente um áudio, em espanhol, no qual, entre outras coisas, vou lhe ensinar:

- **Os princípios do equilíbrio interno.** Embora o ideal seja viver no ponto médio, todos nós temos um aspecto dominante.

Quanto mais exagerado ele for, mais nos custará voltar ao centro para nos vincularmos de maneira saudável e fluida.

- **O desequilíbrio no relacionamento.** Se um dos membros do casal estiver muito descompensado, obrigará seu parceiro a ir para o outro extremo a fim de compensar. Se cada membro do casal viver em seus extremos, será impossível haver entendimento, e os conflitos estarão garantidos. Desse modo, criam-se relações muito tóxicas.
- **Como equilibrar-se internamente para dar e receber em harmonia.** A maioria das pessoas acredita que recebe menos do que dá. Algumas sabem receber, mas têm dificuldade para dar. Quando aprendemos a dançar na proporção certa dos dois gestos, o relacionamento se torna a maior fonte de recursos que existe.

Se você acha que tem mais do que o suficiente com o que expliquei neste livro, pare e digira-o com calma. Se acredita que está pronto para dar mais um passo, lembre-se de que, **se escanear o QR Code desta seção, você receberá gratuitamente um áudio, em espanhol, com um conteúdo de altíssimo valor.**

Aproveite!

AGRADECIMENTOS

A Ferran, por ser a melhor coisa que aconteceu em minha vida, minha fonte de inspiração e a mão que acompanha cada um de meus passos.

A Tàbata e Ginger, por me ensinarem a ser mãe, e a Jan, por me transformar em mãe, mostrando-me o amor mais puro e infinito que se pode sentir.

A meus pais, por se amarem tanto, darem-me a vida e ensinarem--me a caminhar por ela. A meus sogros, por sempre nos ajudarem.

A Sandra Bruna, minha agente literária, e à sua equipe, por insistirem para que eu escrevesse quando nem sequer acreditava que poderia fazê-lo. Se este livro é uma realidade, é graças a vocês.

A Francesc Miralles e Anna Sólyom, por seu apoio incondicional. Eles acham que qualquer um pode ser uma *superstar* da literatura, e isso motiva muito quando você é esse qualquer um.

A Laura Álvarez, por apostar neste projeto e convencer todos de que valia a pena investir nele.

A você, leitor, por ter este livro em mãos. Este é meu melhor presente. Muito obrigada por seu apoio e sua confiança.

"Para viajar para longe,
não há melhor navio do que um livro."

Emily Dickinson

Obrigada pela leitura deste livro.